AF332541

NOUVEL

INDICATEUR

PARISIEN,

CONTENANT

Un coup-d'œil rapide sur Paris, sa population, le caractère de ses habitans ; l'indication des autorités, des Ministres ; les jours où le public et les étrangers sont admis dans les Bibliothèques et Musées ; la description des églises, Palais, Monumens ; enfin une nomenclature alphabétique des Rues, Passages, Quais, Ponts, Avenues, Boulevarts, Barrières, Portes, Marchés, etc., par tenans et aboutissans.

PAR M. B....;

ÉDITION ORNÉE DE 10 PLANCHES GRAVÉES EN TAILLE-DOUCE.

PRIX : 2 fr.

PARIS,

LECRIVAIN, Libraire, boulevart des Capucines.

1819.

L'INDICATEUR

PARISIEN.

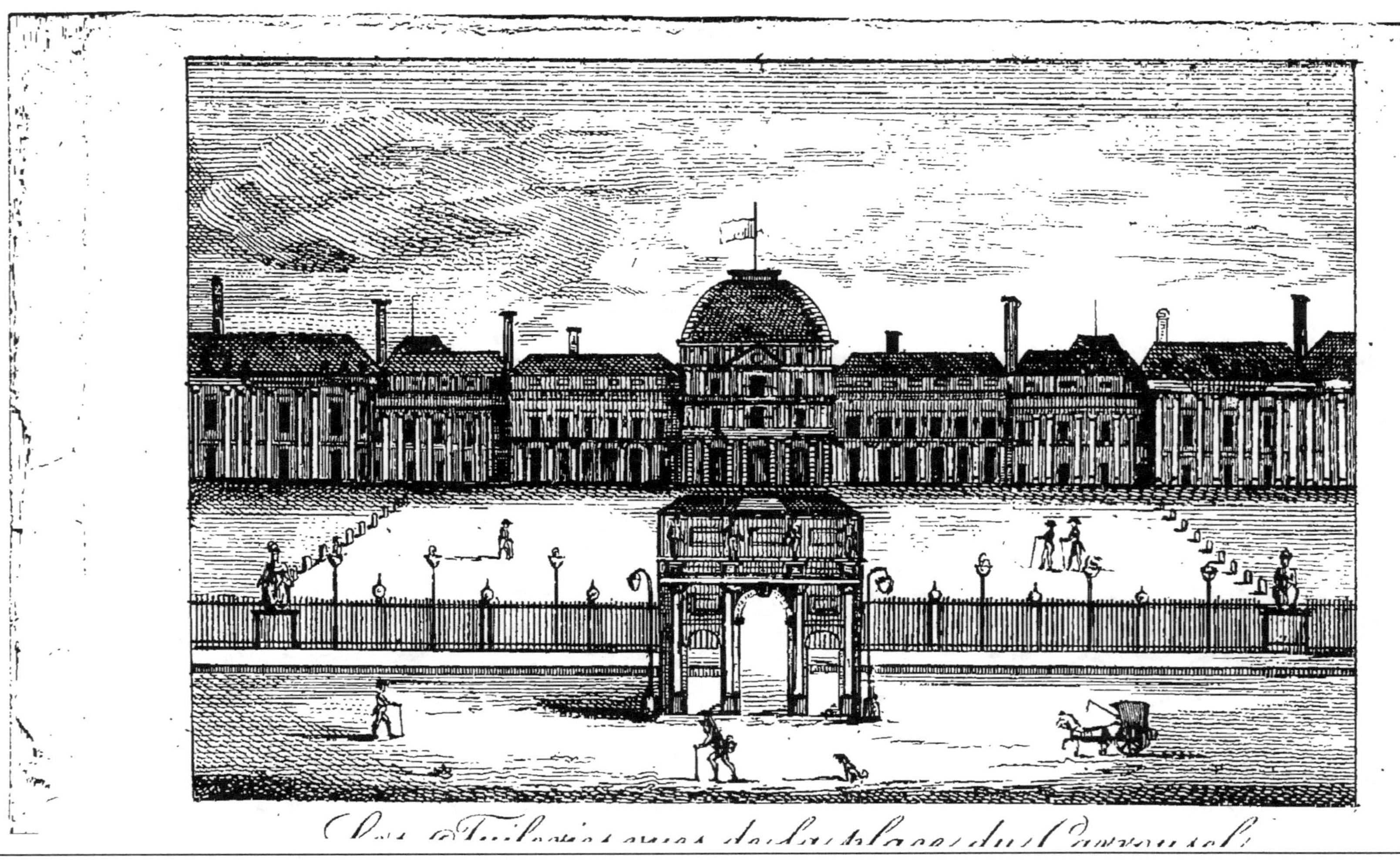

Les Tuileries vues de la Place du Carrousel

L'INDICATEUR

PARISIEN

CONTENANT

Un coup-d'œil rapide sur Paris, depuis son origine jusqu'à présent ; sa situation, son climat, sa population, son commerce ; le caractère de ses habitans ; l'indication des audiences des Ministres et les jours d'entrée dans leurs bureaux ; les jours où le public et les Étrangers sont admis dans les Bibliothèques, Musées, Manufactures et autres Établissemens remarquables ; la description des Églises, Palais, Édifices et Monumens divers , célèbres ou intéressans ; enfin une nomenclature exacte et par ordre alphabétique des Rues, Passages, Quais, Ponts, Avenues, Boulevarts, Barrières, Ports , Halles, Marchés , etc. , par tenans et aboutissans.

PARIS,

LECRIVAIN, Libraire, boulevart des Capucines, n. 1.

1819.

INSTRUCTIONS PRÉLIMINAIRES.

Coup-d'œil sur Paris, depuis son origine jusqu'après la restauration.

Paris, appelé *Lutèce* par les Gaulois, ne fut, à sa naissance, qu'une île presqu'imperceptible au milieu de la Seine, et dans laquelle quelques huttes en bois, couvertes en roseaux, semblaient annoncer une existence aussi inconnue que misérable. *César* nous apprend lui-même, dans ses Commentaires, que *Lutèce*, capitale des Parisiens, était

*

toute renfermée dans l'île dont il vient d'être parlé.

Cependant, ce Paris, si petit et si pauvre, ne s'en croit pas moins l'un de ces peuples-chefs qui ne reconnaissent au-dessus d'eux que les États-généraux de la nation ; en effet, il tient un rang considérable dans la République des Gaules ; il concourt avec les tribus confédérées à porter la guerre en Italie, à faire trembler Rome, et après quelques centaines d'années, il mérite l'honneur désastreux d'être attaqué deux fois, assiégé long-temps, pris par ruse, et rebâti par le premier des empereurs, qui, n'oubliant point le courage et la résistance des habitans, permet qu'on appelle de son nom leur ville nouvelle. *Boece*, sénateur et consul au 5e. siècle, dit que Lutèce rebâtie, fut nommée la cité de César.

Le vainqueur des Gaulois reconstruit Paris plus régulier et plus beau, l'orne d'une place publique et d'un palais (1), l'entoure de murailles, le protège par deux châteaux forts (2), l'habite de préférence aux villes voisines, et transfère dans son sein les États-Généraux, qui, jusqu'alors s'étaient tenus dans le pays Chartrain.

Saint-Denis, l'un des sept évêques envoyés par le pape Saint-Fabien, comme missionnaire dans les Gaules, en 249, a assez de crédit pour faire convertir en église le temple de Mercure, situé sur le mont Lucotitius (3), et pour faire édifier quatre autres églises ou chapelles (4)

---

(1) Le palais de Justice.

(2) Le grand et le petit Châtelet.

(3) Notre - Dame - des - Champs, faubourg Saint-Jacques.

(4) Saint-Benoît, Saint-Marcel, Sainte-Oportune et Saint-Médéric : cette dernière église et Saint Benoît existent encore.

Julien, surnommé vulgairement l'*A-postat*, commandant les troupes romaines dans les Gaules, vient en 358 prendre ses quartiers d'hiver à Lutèce. Il y bâtit le palais des Thermes (1), avec jardin, bains et étuves, y est salué empereur par ses troupes, et la nomme sa chère ville.

Mérovée, qui fut le troisième roi des Français, qui acheva la conquête des Gaules sur les Romains, et qui, en 451, prit Paris sur *Aetius*, dernier gouverneur du peuple-roi, en fait son séjour ordinaire ; *Childéric*, son successeur, l'habite également ; et *Clovis*, qui l'embellit d'une église collégiale (2) et d'un

---

(1) Aujourd'hui l'hôtel de Cluny, rue des Mathurins Saint-Jacques.

(2) Sous l'invocation de Saint-Pierre et Saint-Paul, postérieurement Sainte-Geneviève-du-Mont.

palais (1), la déclare solennellement,
en 508, capitale de ses États.

Childebert, fils de Clovis, *Dagobert I*,
quelques rois de la seconde race,
Hugues – Capet, *Louis-le-Gros*, les
Templiers reconstruisant *Notre-Dame*,
élevée par les premiers Chrétiens, vers
l'an 312, sur les ruines d'un temple dé-
dié à *Vulcain*, bâtissent l'abbaye de
Saint–Vincent et de Sainte-Croix (2),
la Collégiale de Saint-Vincent (3), Saint-
Jacques de la Boucherie dont la tour
seule subsiste encore, le château du
Louvre, le palais du Temple, plusieurs
églises, divers ouvrages; mais par des
projets à peine esquissés, ils semblent
préparer à *Philippe-Auguste* la gloire

---

(1) Situé près de la collégiale de Saint-
Pierre et Saint-Paul.

(2) Maintenant Saint-Germain-des-Prés.

(3) Saint-Germain-l'Auxerrois.

x

d'être le père des arts, dans des temps barbares.

Philippe-Auguste fait continuer et achever Notre-Dame, bâtie pour la troisième fois par *Hugues-Capet*, reculer les limites de la ville, y ajouter de nouvelles fortifications, établir d'autres murailles, entreprendre deux grandes halles, clore le cimetière (1), élever trois églises, construire un hôpital, un pont, une grosse tour dans la cour du Louvre, et, ce qui suffirait pour l'immortaliser, paver les rues qui ne l'avaient jamais été. (2)

---

(1) Connu sous le nom de Cimetière des Saints-Innocens.

(2) Sous ce règne, comme sous chaque règne suivant, l'ordre chronologique des constructions n'est pas toujours exactement observé. Une régularité continuelle et une désignation minutieuse de tous les monumens, ont paru superflue dans un aperçu des choses les plus intéressantes.

Saint-Louis, petit-fils de Philippe-Auguste, fonde l'hospice des Quinze-Vingts, fait élever, d'après les dessins de *Pierre-de-Montereau*, le hardi monument de la Sainte-Chapelle, augmente de deux chambres le palais qui y attenait (1), et permet à *Robert-de-Sorbon*, son confesseur, de bâtir son collége.

Philippe-le-Hardi ordonne la construction des colléges de Clary et d'Harcourt.

Philippe-le-Bel ajoute de nouveaux bâtimens au temple et aux colléges existans, ceux des Cholets, de Navarre, de Bayeux, de Laon, de Montaigu et de Narbonne.

Charles V fait construire le palais des Tournelles, de nouveaux murs à la ville,

------

(1) La salle de Saint-Louis et la grand'-chambre.

xij

de nouveaux ponts, l'hôtel Saint-Paul, le château de la Bastille, et consacre à sa bibliothèque l'une des tours du Louvre, qui, depuis ce temps, a porté le nom de *Tour de la Librairie.*

Les successeurs de Charles V ne s'occupent d'aucune construction importante, et, par leur inaction, font désirer plus ardemment l'arrivée de *François* Ier, le protecteur des lettres, le bienfaiteur des savans et des artistes.

Pendant le règne de ce prince, et sous *Henri II*, *Charles IX*, et *Henri III*, on abat plusieurs hôtels, dont l'architecture gothique déparait la ville; on perce quarante rues; on construit, sur les dessins et sous la conduite de *Jean-Joconde*, le pont Notre-Dame et le *Petit-Pont*; on commence, d'après les dessins de *Dominique Cortonne*, l'hôtel-de-Ville; on élève la fontaine des Innocens, dont *Pierre Lescot* trace le plan, et dont *Jean Goujon* exécute les sculptures : on établit le quai des Tournelles, le quai au-dessous du Petit-Pont, et le bastion de la porte Saint-Antoine ; le château des Tuileries, son parc, et la halle aux blés, sont construits d'après les dessins de *Jean Bullant* et de *Philibert Delorme* ; on élève la porte et le bastion de la Conférence ; on bâtit l'arsenal, pour y recevoir les armes qu'on retire du Louvre ; on commence le Pont-Neuf, d'après les dessins *d'Androuet-Ducerceau* ; et, en 1586, on commence les Boulevarts du Nord.

Sous Henri IV, et sous Louis XIII, la galerie qui joint les Tuileries au Louvre, est, d'après les dessins d'*Androuet-Du-cerceau*, continuée jusqu'au guichet de la tour ; le jardin et le château des Tuileries sont embellis ; l'Hôtel-de-Ville et le Pont-Neuf sont achevés, le premier par *François Miron*, le second par *Guillaume Marchand*. La Samaritaine (1),

____

(1) Ce monument a été détruit en 1813.

xiv

le quai des Célestins, la place Royale et
les rues qui y aboutissent, les hôpitaux
de la Charité et de Saint-Louis, la place
Dauphine et ses quais sont construits; la
statue d'Henri IV est placée à la pointe
de l'Ile du Palais (1); on ouvre plusieurs
rues, dont la grande rue St.-Antoine fait
partie; on commence le Luxembourg,
d'après les dessins de *Jacques Desbrosses;*
on termine, en 1618, le portail de Saint-
Gervais entrepris en 1616; on jette plusieurs ponts sur la Seine; on construit
l'hôtel de Toulouse, d'après les dessins
de *François Mansard;* on entreprend et
on achève, d'après les dessins de *Jacques*
Desbrosses, la grande salle du Palais de
Justice, qui avait été détruite par un
incendie, en 1618; la promenade du
Cours-la-Reine, le Palais-Royal, et les
églises de l'Oratoire et de Saint-Roch,

---

(1) Renversée dans les premières années de la
révolution, cette statue a été rétablie en 1818.

d'après les dessins de *Jacques Lemer-cier ;* l'église de Saint-Paul , et le jar-din du Roi.

Louis XIV dont le génie devait im-primer à son siècle une grandeur rivale des beaux temps d'Athènes et de Rome, fait percer plus de cent rues , en fait re-dresser , élargir , et presque rebâtir un nombre considérable d'anciennes ; et ses ordres sont exécutés avec une rapidité étonnante. Outre le château du côté du parc , l'orangerie , les écuries , les ca-sernes , le grand commun , et la cha-pelle de Versailles ; la cascade et le châ-teau de Saint-Cloud , dessinés par *Le Nôtre ;* la bibliothèque , les boulevarts ; sur les dessins de *Perrault ,* la colon-nade du Louvre et l'Observatoire ; sur les dessins de *Leveau ,* l'église Saint-Sulpice ; sur les dessins de *Jules-Har-doin-Mansard ,* et sous la conduite du *Dominicain François Romain ,* le Pont-Royal ; sur les dessins et les plans de

Libéral Bruant, l'hôtel des invalides, dont l'église et le dôme sont faits d'après *J. H. Mansard ;* sur les dessins de *Leveau*, le palais des Quatre‑Nations, exécuté par *Lambert* et *François D'Orbay ;* sur les dessins de *J. H. Mansard*, les places des Victoires et de Vendôme *;* sur les dessins de *François Blondel*, la porte Saint‑Denis, et sur ceux de *Pierre Bullet*, la porte Saint‑Martin ; sur les plans de *François Mansard*, et par les soins de *Leduc*, *Lemuet* et *Lemercier*, le Val‑de‑Grâce. A ces admirables constructions, il faut ajouter plusieurs ponts rebâtis en pierre, plusieurs quais revêtus, plusieurs autres construits, plusieurs ports, un grenier à sel, seize fontaines publiques ; et parmi divers ouvrages importans, les bâtimens actuellement occupés par la trésorerie.

Louis XV, non moins porté que *Louis le‑Grand* pour les arts et les embellis‑

semens utiles, fait achever les boulevarts neufs, planter les Champs-Elysés, et voit s'élever, d'après les dessins de *Souf-flot*, la nouvelle église de Sainte-Geneviève, l'Ecole de Droit et la fontaine de la rue de l'Arbre-Sec; d'après les dessins de *Gondouin*, l'Ecole de Médecine; d'après ceux de *Gabriel*, l'Ecole Militaire; d'après ceux de *Bouchardon*, la fontaine de Grenelle; d'après ceux d'*Antoine*, l'Hôtel des Monnaies; d'après ceux de *Girardini*, le Palais Bourbon, continué par *Gabriel* et *Lassurance*; d'après *Servandoni*, le portail de Saint-Sulpice; d'après *Mollet*, le Palais de l'Elysée; d'après *Gabriel*, la place Louis XV, la rue Royale et le Garde-Meuble; sous la conduite de *Boffrand*, le puits de Bicêtre; d'après *Péronnet*, le pont de Neuilly; et, enfin d'après un artiste peu connu, la manufacture de Sèvres.

Louis XVI, dont le caractère et l'instruction promettaient aux arts un pro-

******

tecteur généreux et éclairé, s'occupe des établissemens qui manquaient à la capitale. Il fait construire de belles casernes, des écuries spacieuses, des théâtres vastes, des halles commodes ; il ordonne la clôture de Paris par un mur qui en ferait le tour, et fait exécuter, d'après les dessins et sous la conduite de *Ledoux*, les barrières remarquables de St.-Martin, de Neuilly, de Vincennes, etc. Les maisons qui obstruaient le Pont-au-Change, le Pont-Marie, le Pont-Notre-Dame et le Petit-Pont, sont démolies ; le jardin du Roi est augmenté ; les pompes à feu sont établies ; le Pont Louis-Seize est construit d'après les dessins de *Péronnet* ; la Chaussée d'Antin est créée...

Après dix ans de désordres, un homme, jouet de toutes les fortunes, paraît sur la scène politique de la France, et les arts se ressentent bientôt de la protection particulière qu'il leur accorde.

Il ordonne pour Paris, l'alignement et la rectification d'un grand nombre de rues, le prolongemeut de quelques-unes, le percement de rues nouvelles, au nombre desquelles on doit distinguer la belle rue de Rivoli et la rue qui conduit du Carousel au Louvre, et qui devait se prolonger jusqu'à la rue Saint-Antoine ; la construction de quinze fontaines publiques, dont deux méritent une attention particulière ; la fontaine de l'Ecole de Médecine, par *Gondouin* ; la fontaine du Châtelet ; par *Brâle*, ornée de quatre statues ; par feu *Boizot*; l'aqueduc et Canal de l'Ourcq ; le Château-d'Eau, boulevart Saint-Martin ; les abattoirs au nord, sous la direction de *Bélanger*; au midi, sous celle de *Happe* ; le Marché aux Fleurs et ceux de Saint-Joseph, des Jacobins, de la Vallée et du Temple ; ce dernier d'après *Molinos* ; les ponts de l'École Militaire, d'après *Dillon*; du Jardin du Roi, par les soins de *Cessart*, d'après les dessins de *Bec-quey-Beaupré*; des Arts, de la Cité; le port de la Rapée; les quais du Louvre, d'Orsay, d'Jéna, de Désaix et de Morland; les Arcs de triomphe du Carousel, d'après *Fontaine* et *Percier*, et de l'Etoile, d'après feu *Chalgrin*; la colonne dédiée à la Grande Armée (Place Vendôme) et coulée avec les bronzes des canons qu'elle a conquis, d'après les dessins et sous la direction de *Gondouin* et *Peyre*; un Palais pour la Bourse et le Tribunal de Commerce, d'après les dessins *Brongniart*; des greniers d'abondance d'après *Delanoy*; des Passages des Panoramas, de Delorme et d'Aubert; enfin, outre les nouvelles rues projetées ou commencées, et tous les monumens utiles arrêtés et en partie tracés, l'achèvement du Palais Bourbon dont la salle, réparée par *Fontaine* et *Poyet*, fut construite sur les dessins de *Gisors*, et dont le superbe péristyle, vis-à-vis le pont Louis XIV, a été exécuté d'après les dessins de *Poyet*; la continuation de l'église de la Madeleine, d'après les dessins de *Vignon*; la restauration de la Porte Saint-Denis, par *Célerier*; de la Fontaine des Innocens, par *Poyet*; du Palais et du Jardin du Luxembourg, par *Chalgrin*; du Panthéon, par *Rondelet*; du Château des Tuileries, par *Fontaine*, qui, avec *Percier*, est chargé des travaux du Louvre, et de l'élévation de la galerie du nord, construite pour joindre le Louvre aux Tuileries...

Cet achèvement du plus fameux des monumens de l'Europe, auquel se rattachent de si grands et de si honorables souvenirs, doit terminer ce rapide tableau.

La France oublie maintenant les funestes suites de vingt-cinq ans de révolution.

Les hautes vertus de Louis XVIII, sa longue expérience, moins le fruit des années, que de la méditation et du malheur, ses idées grandes et libérales, promettent à la France un Roi éminemment sage, qui, après l'avoir sauvée de l'abîme où elle allait être plongée, et lui avoir rendu la paix, fera sa gloire et sa prospériété.

Situation.

La ville de Paris, chef-lieu du département de la Seine, et capitale du royaume de France, est située à 20 degrés de longitude orientale, et 48 degrés 50 m. 15 sec. de latitude septentrionale.

Climat.

Tempéré.

Population.

Terme moyen, 600,000 ames; en temps de paix, de 7 à 800,000.

Rivière de Seine.

Cette rivière, qui prend sa source dans la forêt de Chanceau, à deux lieues du bourg *de Saint-Seine*, et à six de Dijon, département de la Cote-d'Or, divise Paris en deux parties, rive droite et rive gauche. Le pays Latin, c'est-à-dire le quartier Saint-Jacques, où se trouvent les colléges, le quartier d'Enfer, le faubourg Saint-Germain, etc., sont sur la *rive gauche*, et l'intérieur de la ville part de la *rive droite*.

Sa longueur, depuis la barrière de la Rapée, où commence Paris, jusqu'à celle de la Cunette, où il finit, est de plus de deux lieues de 2000 toises.

Etendue.

La ville a 7 lieues de tour de 2000 toises chaque.

Caractère des habitans.

Le parisien est généralement bon, serviable et laborieux. Médiocrement confiant, visant quelquefois à la finesse, il ne sait pas toujours prévoir les suites de ses tentatives, et il lui arrive par fois d'être la dupe de ses propres ruses. On lui reproche, avec assez de raison, une vanité et des caprices qui passent quelquefois les bornes ordinaires.

Ce caractère est au reste peu saillant dans une ville où abondent non-seulement un nombre considérable d'habitans des provinces et d'étrangers que l'intérêt particulier, la curiosité ou l'attrait des plaisirs attirent dans cette ville, mais encore, et ceux-ci sont en très-grande quantité, les gens qui cherchent des ressources soit, par des moyens honnêtes, soit par l'intrigue.

Toutefois on ne trouve pas à Paris plus de vices, plus de travers, plus de

ridicules que dans les autres grandes capitales de l'Europe , et le caractère
français, qui se distingue éminemment
à Paris, dédommage le provincial ou
l'étranger de ces désagrémens par une
heureuse compensation des avantages
réels et des plaisirs divers qui sont si
multipliés à Paris.

Commerce.

On peut dire sans exagération que
Paris est la métropole du monde pour
le commerce. Les marchandises étrangères y sont bien accueillies et ne font
aucun tort à celles du sol national dont
le débit est véritablement immense. Les
manufactures sont célèbres et en pleine
activité; les produits du génie, ceux
de l'industrie, tout ce que l'esprit hu-
main peut inventer y est porté à un dé-
gré d'intérêt et de perfection tout particulier. Les ouvriers français sont indus-

trieux, patiens, actifs, infatigables. Les véritables négocians comptent peu de rivaux dans les entreprises où se manifestent l'habileté, la bonne foi et la modération dans le gain.

INDICATIONS UTILES.

Maison du Roi. — *Secrétariat général.* Les bureaux sont ouverts tous les jours de 2 heures à 4.

Ministères et Ministres

Chancellerie de France et Ministère de la Justice, place Vendôme.—Audiences publiques, les 1er. et 3e. mercredis de chaque mois. Entrée des bureaux, les jeudis de chaque semaine, de 2 à 4 heures.

Ministère des affaires Étrangères, rue du Bac. — Audiences,
Entrée des bureaux,

Ministères de l'Intérieur, rue de Grenelle Saint-Germain. — Le Ministre donne des audiences lorqu'on en forme la demande par écrit en indiquant l'objet de la demande. Entrée des bureaux, les jeudis de 2 à 4 heures.

Ministère de la Guerre, rue St.-Dominique Saint-Germain. — Audiences, les samedis. Entrée des bureaux, les mercredis à deux heures.

Ministère de la Marine. — Audiences les 1er. et 3e. jeudis de chaque mois. Entrée des bureaux, les jeudis de 2 à 4 heures.

Ministère des Finances. — Audiences les 2e. et 4e. mardis de chaque mois. Entrée du bureau des renseignemens, tous les jours de 2 à 4 heures.

Bibliothèques publiques.

Du Roi, rue Richelieu.—Jours d'entrée, les mardis et vendredis de 10 à 2 heures.

Mazarine, de l'Institut ou des Quatre-Nations, en face du Pont des Arts. — Tous les jours, hors les jeudis, dimanches et fêtes, de 10 à 2 heures.

Sainte-Geneviève. — Tous les jours, hors les dimanches et fêtes, de 10 à 2 heures.

De l'Arsenal. — Mêmes jours et heures.

De la Ville. — Tous les jours, hors les lundis, jeudis et jours fériés.

Musées.

Royal du Louvre. — Entrée, tous les samedis lorsqu'il n'y a pas d'exposition publique des productions des peintres, sculpteurs vivans, etc., de 10 à 2 heures, et les dimanches.

Royal des Mines. — Entrée, tous les jours de 10 à 2 heures.

Jardin du Roi.

Galerie et bibliothèque. — Entrée les mardis et vendredis, de 3 à 6 heures.

Ménagerie. — Elle est visible tous les jours de 11 à 3 heures.

Manufactures des Gobelins, rue Mouffetard, faubourg Saint-Marceau.—Entrée, les samedis après midi.

Conservatoire des Arts et Métiers, rue Saint-Martin.—Entrée, les jeudis et dimanches de 10 à 4 heures.

Les voyageurs, sur la vue de leur passeport, y sont admis les mardis et vendredis.

L'INDICATEUR PARISIEN.

ABATTOIRS OU TUERIES.

Cɪɴǫ Abattoirs placés près ou hors des barrières, et remarquables sous le triple rapport de l'utilité, du lieu de l'emplacement et de l'excellent goût de la construction, remplacent les boucheries de l'intérieur de la ville, qui inondaient de sang plusieurs quartiers de Paris, révoltaient les regards, corrompaient l'air et menaçaient souvent la vie des citoyens, par la sortie impétueuse des animaux qui venaient d'échapper à

la mort. Ces abattoirs sont en pleine activité.

AQUEDUCS.

Trois Aqueducs fournissaient déjà de
l'eau dans plusieurs quartiers de Paris,
mais en quantité insuffisante avant la
construction de l'Aqueduc et le Canal
de l'Ourcq.

Le plus ancien, dont la construction
remonte à l'année 1274, est celui des
Prés-Saint-Gervais ou de Romainville :
il donne 30 pouces d'eau.

Le second, celui de Belleville, a été
construit en 1457, il ne donne que 10
pouces.

Le troisième, celui d'Arcueil, date
de l'année 1613 ; il donne 50 pouces.
On voit près de cet Aqueduc, construit
par Jacques Desbrosses, des vestiges de
celui que les Romains construisirent pour
fournir de l'eau au palais des Thermes,

L'Aqueduc et Canal de l'Ourcq donne

1,000 pouces. (Voir *Canal de l'Ourcq*
et *Bassin de la Villette.*

ARCS DE TRIOMPHE.

Paris a vu s'élever dans son sein,
à diverses époques, ces honorables et
magnifiques témoins de la gloire nationale ; et si la capitale de la France s'énor-
gueillit, au 19e siècle, des Arcs de
triompe du Carousel et de l'Étoile, elle
comptait déjà au 17e les Portes Saint-
Denis et Saint-Martin, qui sont aussi
des Arcs de triomphe (1).

ARC DE TRIOMPHE DU CAROUSEL.

Dès son origine on ne le considéra
que comme un brillant colifichet. Main-

____

(1) Nonobstant cette remarque, ces *Portes*
étant généralement connues sous ce titre, seront décrites à l'article des *Portes de Paris.*

tenant qu'il est dépouillé de ses bas-reliefs en marbre, et des 4 chevaux de Corinthe qui le surmontaient, il n'offre plus aux regards que des défauts, que ne rachètent plus les accessoires dont il tirait tous ces avantages. Outre les reproches qu'il doit encourir sous les rapports de l'art, tels que le manque de grandiose si nécessaire dans un édifice monumental de cette espèce ; la surabondance de ses colonnes, qui ne paraissent contribuer en rien à sa solidité ; cet arc est hors de la ligne marquée par les deux portiques des Tuileries et du Louvre ; il se perd dans la vaste place qu'on a prétendu en décorer ; il est désagréablement rapproché de la grille qui sépare le Carousel de la cour des Tuileries. Il est opposé, très-malheureusement, à l'imposant édifice du château et aux deux magnifiques galeries du Louvre ; enfin, il est retouché dans la plupart de ses ornemens. Dans cet état peut-il encore captiver l'attention de l'amateur ou de l'étranger ? Il serait peut-être dans l'intérêt de la réputation de ses célèbres auteurs, MM. *Fontaine* et *Percier*, dans celui de l'Architecture française, enfin dans l'intérêt des embellissemens de Paris, qu'il disparût, et que les ornemens qu'il possède encore fussent replacés sur un monument qu'ils concourraient à décorer : en effet, qui pourrait ne pas revoir avec plaisir, partout ailleurs qu'à l'Arc du Carousel, et les belles statues colossales en marbre du CUIRASSIER, par M. *Launay* ; du SAPEUR, par M. *Dumont* ; du CANONNIER, par M. *Bridan* ; du DRAGON, par M. *Corbet* ; un CHASSEUR A CHEVAL, par M. *Foucou* ; un CARABINIER, parf eu *Chinard* ; un GRENADIER, par M. *Duret* ; un CARABINIER DE LIGNE, par M. *Montony*, etc.

ARC DE TRIOMPHE DE L'ÉTOILE.

La construction très-avancée de ce monument, sous la direction de MM. *Chalgrin* et *Raymond*, a été suspendue par l'effet des événemens funestes de 1814 et 1815 : la paix et la protection éclairée que SA MAJESTÉ accorde à tout ce qui est fait pour illustrer son règne, doivent rassurer les amis des arts sur la continuation d'un monument consacré à la gloire des armées françaises, à laquelle la France entière est intéressée.

Placé à la plus magnifique des entrées de Paris, l'Arc de Triomphe de l'Étoile, vu de tous ses points, et principalement de ceux du château des Tuileries et de la route de Neuilly, doit produire un effet vraiment admirable. Il est percé d'une seule arcade coupée en croix par une arcade transversale.

Sur une partie de l'emplacement de

l'Arsenal, situé à l'extrémité du quai des Célestins, sur le bord oriental de la Seine, existaient autrefois les granges de l'artillerie, bâties sous Charles V; elles servirent à fondre des canons (1). Le 28 janvier 1562, la foudre tomba sur une tour appellée *la Tour de Billi*, qui faisait partie des bâtimens de l'ancien arsenal : quinze ou vingt milliers de poudre qui prirent feu produisirent une explosion terrible; trente personnes furent blessées, trente-deux perdirent la vie; tous les bâtimens furent renversés, et des pierres furent lancées jusqu'aux abbayes Saint-Antoine et Saint-Victor. Les mémoires du temps rapportent que la commotion, qui se fit sentir jusqu'à Melun, fut telle, qu'elle fit périr les poissons de la Seine. Les rois Charles IX, Henri III et Henri IV rétablirent l'ar-

______

(1) Les premiers canons fondus en France, sont de l'année 1338.

senal, et l'agrandirent considérablement.

En 1718, on fit abattre une partie des anciens bâtimens, pour y élever, sous la direction de Boffrand, l'hôtel du gouvernement, dont les plus beaux plafonds ont été peints par *Mignard*. Les bâtimens qui restent maintenant sont encore assez considérables, et composent plusieurs cours. La porte, du coté des Célestins, était décorée de quatre canons ; sur une plaque de marbre noir, qui était au-dessus, on lisait les deux vers suivans, de Nicolas Bourdon, remarquables par leur énergique précision ;

Etna hæc Henrico Vulcania tela ministrat,
Tela gigantæos debellatura furores.

BAINS PUBLICS.

BAINS VIGIER, DU PONT ROYAL.

Ils ne sont pas les plus anciens bains de Paris, mais ils méritent d'être indiqués les premiers, parce que leur pro-

priétaire a su mériter l'estime publique,
non seulement par ses qualités person-
nelles, mais encore par le nombre et la
beauté de ses divers établissemens. Le
premier, et le principal, est situé sur la
rivière, près du Pont Royal, vis-à-vis le
Pavillon de *Flore*. Le bateau, de la di-
mension du plus grand navire, contient
140 baignoires; il a deux étages : les
galeries qui le décorent, sont ornées de
colonnes et de pilastres ; elles reçoivent
le jour par des campanilles qui commu-
niquent de l'une à l'autre galerie ; une
espèce de porche couvert d'arbustes et
de fleurs sert d'entrée à cet établissement
audevant duquel on a fait un parterre
de l'effet le plus pittoresque.

BAINS VIGIER, DU PONT NEUF.

Établissement semblable au précédent
mais un peu inférieur pour la décoration
et quelques agrémens extérieurs.

BAINS VICIER, DU PONT MARIE.

Ils méritent les mêmes éloges que le précédent.

BAINS POITHVIN,

Près et de l'autre côté du Pont-Royal, en tête du quai d'Orsai, M. Poithvin fut le premier qui, en 1765, fit construire des bains sur bateau flottant.

BAINS CHINOIS,
Boulevart des Italiens.

L'édifice de ces bains est remarquable par sa construction à la manière chinoise en tout exactement observée ; il offre deux pavillons assis sur des rochers simulés. Deux figures, des emblêmes, d'autres accessoires chinois, concourrent à produire une illusion parfaite. Ces bains sont agréables et commodes. Le service s'y fait avec intelligence ; on y trouve un restaurant et un café.

BAINS DE TIVOLI,

Rue Saint-Lazare, Chaussée d'Antin.

Ces bains sont célèbres par les bains de santé et les eaux minérales de toute espèce, que l'on peut y prendre.

BAINS TURCS,

Ci-devant du Temple, rue du Temple.

Il n'y a d'Oriental dans ces bains, qu'une décoration assez mesquine. C'est le seul établissement de ce genre dont le Marais puisse s'énorgueillir : toutefois il lui est fort utile.

BAINS SAINT-SAUVEUR,

Rue Saint-Denis.

L'architecture en est simple ; il faut traverser, pour y arriver, un parterre, au milieu duquel est un jet d'eau. Cet établissement gagnerait beaucoup à être isolé des *logemens* qui l'avoisinent.

4*

(42)

BAINS MONTESQIEU,
près du Palais-Royal.

Élégance dans l'architecture, distribution ingénieuse dans l'intérieur,
escalier d'une coupe agréable, service
satisfaisant : tels sont les avantages réunis
de ces jolis bains ; ils méritent, à tous
égards, d'être dans l'un des plus beaux
quartiers de la Capitale.

BAINS DU WAUXHALL,
Boulevart St-Martin.

Ils doivent leur très-modeste célébrité
aux bals d'été, qui réunissent dans le
même local les *Grâces* du Marais, et
les *Élégans* des faubourgs Saint-Martin
et Saint-Denis.

BAINS SAINT-JOSEPH
Rue Montmartre.

BAINS DU MAIL,

Rue du Mail.

BAINS DE L'HOTEL DE TOURS,

Rue du Paon, faubourg St.-Germain,

BAINS DE LA ROCHEFOUCAULT,

Rue de Seine, et rue des Petits Augustins.

BAINS TARANNE,

Grande rue de Taranne, faubourg St.-Germain.

BAINS EN PLEINE RIVIÈRE.

Près de chaque pont, et des deux côtés de la Seine, il y a, pendant l'été seulement, des bains publics, où l'on est admis en payant, aux bains en commun, six sols, et aux bains particuliers, séparés seulement par des toiles douze sols.

BARRIÈRES.

Ce genre d'édifices est dû au règne de Louis XV ; il sert, avec un mur d'environ quinze pieds de hauteur, trois de largeur, et de plus de sept lieues de longueur, à clore Paris, en même-temps qu'il assure la perception des droits d'octroi. Ce furent les fermiers généraux qui proposèrent au Roi, en 1786, cette clôture, exécutée sur les plans et sous la direction de l'architecte *Ledoux*.

Les barrières sont au nombre de cinquante-six ; les principales méritent de fixer l'attention : ce sont celles du *Trône*, de la *Vilette*, d'*Enfer*, de *Neuilly*, du *Roule*, etc.

BASSIN DE LA VILLETTE,

En face de la barrière Saint-Martin ou de La Villette.

Il sert de réservoir navigable au Canal

de l'Ourcq, dont il transmettra l'eau à Paris, par deux branches également navigables : l'une traversera les faubourgs jusqu'à l'Arsenal, et l'autre, se dirigeant vers Saint-Denis, abrégera considérablement le trajet de cette ville à Paris.

Non-seulement le Bassin de La Villette présente, dans l'été, l'intéressant coup-d'œil d'une nappe d'eau considérable, couverte de bateaux marchands ; mais il offre encore une agréable promenade sur de jolies barques allant à pleine voile. Ses bords, garnis d'une double rangée d'arbres, sont très-fréquentés les dimanches et les jours de fêtes. Des guinguettes dont les environs sont parsemés, des avenues, des champs, de riants points-de-vue, un air pur, tant d'agrémens réunis sont bien faits pour attirer la foule qui s'y porte avec autant d'empressement que de constance.

Pendant l'hiver, le Bassin de La Villette sert de théâtre aux exercices du patin, et les amateurs de cet art, aussi agréable que périlleux, ont eux-mêmes surnommé le Bassin de La Villette, le *Longchamp d'hiver*.

BOIS.

BOIS DE BOULOGNE,

Peu éloigné de la barrière des Champs-Elysées ou de Neuilly.

Ce joli bois sert de rendez-vous pour les plus agréables parties comme aussi pour les plus affreuses catastrophes, (les duels.) Une surveillance active déjoue souvent ces tristes parties, et même celles d'une espèce bien différente, et permet aux brillantes cavalcades, aux équipages élégans, de parcourir les belles routes, les solitaires allées du bois de Boulogne, sans crainte d'être frappés de spectacles lugubres ou scandaleux.

On trouve à la grille, ou porte Maillot,

et aux autres issues du bois , d'excellens restaurateurs.

BOIS DE ROMAINVILLE
ET PRÉS SAINT-GERVAIS ,
Près de la barrière du Temple, au-delà de Belleville.

C'est dans ce lieu , extrêmement pittoresque, que se rendent en parties de plaisir, les dimanches et fêtes , des familles entières de bourgeois , d'ouvriers et d'artisans aisés.

BOIS DE VINCENNES ,
Situé à environ une lieue de la barrière du Trône.

C'est un parc du plus de 2000 arpens , entouré de murs. Il fut ainsi clos en 1183, pour renfermer les bêtes fauves que le roi d'Angleterre avait envoyées en présent à Philippe Auguste.

Ce parc, où Saint Louis , à l'ombre

d'un chêne, écoutait les plaintes de ses sujets, et rendait la justice, sert depuis long-temps de promenade publique, comme les bois de Boulogne et de Romainville : on y fait des parties de plaisir. C'est un lieu fort agréable, et très-fréquenté à l'époque de la fête patronale de Vincennes.

BOULEVARTS.

Une allée large et belle, pavée ou ferrée, et qu'accompagnent deux contre-allées revêtues de sable, entoure Paris, et remplace les murailles, qui, avant le règne de Louis XIV, servaient de remparts à la ville, ou en déterminaient l'enceinte. Cette allée, de plus de 6000 toises, reçoit le nom des *Boulevarts du Nord*, ou *Vieux Boulevarts*, depuis la rue Royale, porte Saint-Honoré, jusqu'à la rue Saint-Antoine ; et celui de *Boulevarts du Midi*, ou *Nouveaux*

Boulevarts, depuis le Jardin du Roi jusqu'aux Invalides.

Les *Boulevarts du Nord*, plantés successivement depuis 1660, offrent un spectacle des plus variés et des plus animés, par la circulation et l'affluence des équipages, des promeneurs et des personnes occupées de leurs plaisirs ou de leurs affaires. Ce mouvement donne, à cette partie de Paris, un air de vie et de plaisir qui ne frappe nulle part au même point. Le même quartier, quoique très-différent du faubourg Saint-Germain et des Tuileries, a aussi ses magnificences, et sans parler des Portes Saint-Denis et Saint-Martin, il est embelli par de nombreuses salles de spectacles, par des établissemens et jardins publics, des hôtels et jardins particuliers, qui respirent toute l'élégance du luxe moderne, par le beau Château-d'Eau du boulevart Saint-Martin; enfin, par les magasins et les boutiques, où l'élégans et la richesse rivalisent pour captiver l'attention, et séduire le promeneur nonchalant, qui ne résiste pas toujours à l'appât qui l'attire.

Les *Boulevarts du Midi*, dont la plantation remonte à l'année 1761, ne présentent pas moins d'attraits ; mais d'une espèce fort opposée : leur solitude, si chère aux amans, aux poëtes, à l'homme studieux ou qui se livre à la méditation ; un air pur et vif, la verdure que n'altère point une poussière incommode ; les nombreux points de vue ; le dévelopement des champs et des campagnes ; la rencontre des barrières ; le voisinage des guinguettes ; les jardins champêtres ; mille agrémens qui se sentent, mais que l'on ne peut décrire, rendent infiniment précieuse cette promenade que dédaignent souvent, parce qu'ils ne la connaissent pas, certains habitués des autres boulevarts.

BIBLIOTHÈQUES PUBLIQUES.

BIBLIOTHEQUE ROYALE,
Rue de Richelieu.

LIVRES. — Le président Hénault, dans son Abrégé chronologique de l'Histoire de France, rapporte que c'est au roi *Jean*, qui possédait environ *vingt volumes*, que l'on doit l'établissement de la Bibliothèque Royale, qui en compte aujourd'hui *quatre cent mille.*

Charles V l'augmenta de neuf cents volumes, et la conserva précieusement dans la tour du Louvre, *dite de la Librairie*, où les gens de lettres seuls étaient admis.

Le ministre Colbert la fit transporter où elle est maintenant.

C'est à l'ordonnance de 1556, qui prescrit aux libraires de déposer un exemplaire de tous les livres imprimés pour leur compte, que l'on doit principalement l'augmentation qu'elle a éprouvée successivement depuis cette époque.

Elle acquit, sous Louis XIV, cette magnificence que, depuis, elle n'a pas cessé de conserver.

Dans l'une des salles d'étude, on remarque le très-injustement fameux Parnasse français en bronze, de *Titon du Tillet*. L'idée en était heureuse, mais l'exécution est des plus médiocres. C'est une espèce de papillotage tout-à-fait indigne du lieu où il se trouve.

On y voit aussi les deux volumineux globes du jésuite *Coronelli*. Ils datent de l'année 1683.

Salle des Manuscrits. — On porte le nombre des manuscrits à soixante-douze mille. Il y en a de très-précieux. Parmi ceux de notre pays, on distingue :

L'état des dépenses sous *Philippe-le-Bel*. Ce sont des tablettes enduites de cire ;

Les lettres de Henri IV à Gabrielle d'Estrées ;

Le Télémaque, de la main de Fénélon ;

L'original des Pensées de Pascal ;

Et les Mémoires de Louis XIV, écrits de sa main.

Cabinet des Médailles et des Antiques. — François Ier. commença la belle collection que l'on y admire aujourd'hui.

Henri II l'augmenta, et y réunit les médailles apportées de Florence par Catherine de Medicis.

Charles IX lui accorda un intérêt particulier. Il créa la place de garde du cabinet des médailles, et réunit à la collection royale celle de *Groslier*, qu'il fit acheter à sa mort, en 1565.

Henri IV rétablit le cabinet qui avait beaucoup souffert, et dont les objets avaient été presqu'entièrement dispersés lors des troubles civils. Il fit recherche_r

les médailles que l'infidélité avait détournées, et en acheta de nouvelles.

Louis XIV joignit à la collection principale celles des maisons royales. Gaston, duc d'Orléans, oncle du roi, lui fit don de la collection qui lui appartenait, et qui était considérable.

En 1667, les médailles et antiques furent transportés du Louvre à la bibliothèque royale.

Colbert et Louvois firent rechercher chez l'Etranger et en France les médailles et antiquités qui pouvaient augmenter la richesse de la collection. *Vaillant* voyagea, dans cette intention, en Orient, en Egypte et en Perse : ses soins, et postérieurement ceux de l'abbé *Barthelemy*, qui seul en rapporta de Rome plus de trois cents, estimées par leur rareté, rendirent cette collection la plus importante de l'Europe.

Louis XIV donna ordre, en 1776,

d'acheter le cabinet du célèbre antiquaire *Pellerin*, qui en renfermait trente mille.

CABINET DES ESTAMPES. — L'art de la gravure, inventé en 1460, n'avait point encore assez mérité l'attention de nos Rois, pour obtenir que les productions en fussent recueillies par eux.

Louis XIV répara cet oubli fatal pour les arts et pour notre instruction : On lui doit la formation du cabinet des estampes, aujourd'hui reliées en 5000 volumes.

BIBLIOTHEQUE SAINTE-GENEVIÈVE OU DU PANTHÉON.

Elle renferme 80,000 volumes.

Les salles sont ornées des bustes, en marbre ou en plâtre, d'un assez grand nombre d'hommes célèbres, tant anciens que modernes.

À l'extrémité de l'une des salles, est un plan de Rome, en relief, exécuté par Grimani, en 1776.

Au centre, c'est-à-dire au point où les deux galeries forment une croix, s'élève un dome dont les peintures, à fresque, représentent saint Augustin fulminant les Pélasgiens, les Ariens et plusieurs autres hérétiques.

On voit encore, avec une agréable surprise, à une autre extrémité, une perspective qui représente une fenêtre ouverte, avec un très-beau ciel, et dont l'appui est orné d'une sphère a demi couverte d'un voile.

BIBLIOTHÈQUE DE L'INSTITUT CI-DEVANT MAZARIN,

Quai Malaquais.

Le Cardinal Mazarin la légua, pa testament, en 1661, au collége de so nom. Louis XIV la déclara fondatio royale, en 1665. On la transporta, e 1688, au local qu'elle occupe main tenant.

Elle contient près de 93,000 volume Les salles sont décorées de statues an tiques, de bustes en marbre, et de plusieurs autres curiosités.

Le corps de bibliothèque forme un péristyle en bois, qui est peut-être un morceau unique en ce genre, comme la vue dont y jouissent les lecteurs est peut-être la plus magnifique qu'il y ait dans toutes les cités du monde.

BIBLIOTHÈQUE DE L'ARSENAL.

Rue Saint-Antoine.

En 1785, *Monsieur* acheta de M. le marquis de Paulmy, qui l'avait formée, cette bibliothèque, dont une ordonnance du Roi, du 25 avril 1816, l'a remis en possession.

BIBLIOTHÈQUE DE LA VILLE,

Rue Saint - Antoine.

Le plafond a été peint par *Girardini*.

BIBLIOTHÈQUE DE L'ÉCOLE DE MÉDECINE,

Rue du même nom.

Elle réunit une belle collection des ouvrages célèbres de l'art.

S. A. R. a permis qu'elle continuât à être publique.

BIBLIOTHÈQUE DU MUSÉUM

D'HISTOIRE NATURELLE ,
Jardin du Roi.

C'est peut-être la bibliothèque qui réunit un plus grand nombre de livres particuliers à sa destination, en histoire naturelle, herbiers, etc.

BIBLIOTHÈQUE DE L'ÉCOLE
DES MINES ,
Rue de l'Université.

Elle est spécialement destinée aux maîtres et aux élèves.

BIBLIOTHÈQUE DE L'ÉCOLE
POLITECHNIQUE ,

Destinée aux professeurs et aux élèves.

CABINETS LITTÉRAIRES.

L'existence de ces cabinets est de plu-

...sieurs années antérieure à la révolution, mais il y a une très-grande différence entre ce qu'ils étaient autrefois et ce qu'ils sont maintenant.

On doit distinguer particulièrement les cabinets littéraires tenus par :

Zoppi, au café Procope, rue des Fossés-St.-Germain-des-Prés.

Galignani, rue Vivienne. On trouve dans ce cabinet une belle collection de livres et de journaux étrangers.

Rosa, cour des Fontaines, Palais-Royal. Rosa, libraire-relieur, est encore connu par les reliûres charmantes qui sortent de ses magasins.

Delaage, ci-devant rue de Grammont, maintenant rue Neuve-des-Petits-Champs, passage des Pavillons. La Bibliothèque de cet établissement s'élève à près de 20,000 volumes.

CAFÉS AU PALAIS-ROYAL.

Les principaux sont :
Café de Foi.

Café du Caveau,

Café Corazza,

Café des Mille Colonnes,

Café de Vallois,

Café Lamblin,

Café Zoppi, rue de l'Ancienne Comédie Française, ou Saint-Germain-des Prés.

Café de la Régence, place du Palais-Royal.

Café des Italiens, sur le boulevard de ce nom.

Café Hardy, au coin de la rue Cérutti.
Café Turc, boulevard du Temple.
Café d'Apollon, même boulevard.
Café Mauconseil, rue Saint-Denis.
Café de la Porte-Saint-Martin.
Café Conti, au coin de la rue Dauphine.
Café Manouri, place de l'École, etc.

CANAL DE L'OURCQ.

On a eu, dans l'établissement de ce canal, un double objet d'utilité que ne sauraient trop apprécier le commere et les habitans de Paris.

Pour le commerce, il doit servir de communication entre la Marne et le canal de St.-Quentin.

Pour la Capitale, outre les constructions utiles et agréables auxquelles il donne lieu, il fournira 1,000 pouces d'eau répartis en quantité supérieure à celle de la consommation dans les quartiers les plus éloignés de la Seine.

Si l'on considère que les aqueducs et machines hydrauliques de Paris ne fournissaient pas, réunis, une valeur de 200 pouces d'eau, on se pénétrera de la haute importance de cet établissement. Il convient de remarquer qu'il conduit l'eau à 83 pieds au-dessus des basses eaux de la Seine.

La longueur de ce Canal, depuis sa prise d'eau à Lizy (Seine et Marne), dans un trajet de 25 lieues, est creusée en pleine terre, sans autres revêtemens que ceux de terrasse. Ses constructions consistent en un nombre assez considérable de ponts mobiles établis pour la communication du pays et pour le passage des bateaux.

La largeur, à cause de la communication entre la Marne et le Canal de Saint-Quentin, est depuis le village de Mareuil, jusqu'au moulin de Lizy, de 3o pieds 1o pouces, et de près de 5 pieds de profondeur; depuis Lizy jusqu'au bassin de la Vilette d'environ 11 pieds.

Le Canal passe par les communes de Mareuil, Échampier, Lizy, Grizy, Meaux, Villemoie, Charmentré, Claye, Sevran, et la forêt de Bondy. Il reçoit les ruisseaux de la Grisette, de May, de Terrouanne et de la Beuvronne.

(Voir aux arts. *Aqueducs et Bassin de la Vilette*).

CASERNES.

Le maréchal de Biron a , le premier , fait établir des casernes dans Paris et aux environs. Ces édifices sont vastes , commodes , aérés , et bien assortis à leur destination. Rien en effet ne doit être négligé pour l'utilité , l'assainissement et l'étendue de ces établissemens d'utilité publique , où l'on réunit un nombre considérable d'hommes, dont l'existence et la santé sont si précieuses à la patrie.

Quoique généralement belles, et d'un extérieur remarquable, les casernes de Paris ne présentent point ce caractère d'architecture sévère qui doit distinguer cette sorte d'édifices , et dont les casernes de la place d'armes de Versailles pourraient , par exemple , donner l'idée.

Parmi vingt-quatre casernes que l'on compte à Paris , on remarque , outre l'Ecole militaire , celles du Quai d'Orsay , des faubourgs du Temple et Poissonnière, de Popincourt, des rues de Babylone, de la Pépinière, de l'Estrapade, de la rue des Barres, de la rue Verte, etc.

CATACOMBES.

Le spectacle de millions d'ossemens rangés avec la symétrie d'un curieux qui en aurait fait une collection, un tel spectacle, ce semble, ne présente rien de bien attrayant; cependant pour contenter ces curieux intrépides, qui veulent tout voir, *jouir de tout*, disons que l'entrée de ce lieu de *délices* est dans l'enceinte des bâtimens, à l'ouest, de la barrière d'Enfer. Ils descendront à quatre-vingt-dix pieds de profondeur, et pourront, à la lueur d'une torche parfumée de résine, se promener jusqu'à *deux* de front, dans cet intéressant séjour de la destruction; ils pourront encore courir les chances d'une bonne ca-

tastrophe , marchant toujours menacés de quelque éboulement de terre , ou de quelque fragment de roche prêt à se détacher.

CHATEAUX-D'EAU.

Le plus ancien est celui établi en forme de réservoir, rue Cassini , près de l'Observatoire. Il reçoit l'eau provenant de l'aqueduc d'Arcueil , et la distribue dans plusieurs quartiers du faubourg Saint-Germain.

Le Château-d'Eau situé place du Palais-Royal , vis-à-vis le Palais , a été construit en 1719 , sur les dessins de Robert-de-Cotte.

Sur le terre-plein du boulevart Saint-Martin , entouré d'arbres et de jolies maisons , s'élève un nouveau château-d'eau dont la forme est celle d'un champignon. L'eau en jaillit et retombe en nappe dans un large bassin revêtu de pierres de liais. Huit superbes lions en fonte contribuent en jetant de l'eau avec abondance, à augmenter l'utilité et l'agrément de ce bassin, dont les habitans du quartier, et les promeneurs sentent vivement le double prix.

CHAMPS-ÉLISÉES.

Promenade très-fréquentée, située près de la Seine, entre le château des Tuileries et la barrière de Neuilly, et décorée à l'entrée de l'allée principale, des deux fameux chevaux indomptés de *Coustou* le jeune. Outre un emplacement vaste, une plantation du meilleur goût (elle eut lieu en 1670 par ordre du ministre Colbert, et fut renouvelée en 1770), il est impossible de trouver un lieu plus heureusement situé, et plus favorisé par la beauté et la richesse des alentours. On y voit, presque d'un coup-d'œil, le château et le jardin des Tuileries, la place Louis XV, le pont

Louis XVI, le portique du palais Bourbon la Seine et ses quais, l'hôtel et l'esplanade des Invalides, le pont de l'École Militaire, la barrière de Neuilly; les jardins des principaux hôtels des faubourgs du Roule et Saint-Honoré, la rue Royale, le Garde-meuble, etc.

COURS LA REINE.

On désigne ainsi une allée et deux contre-allées plantées d'ormes, entre la Seine et les Champs-Élisées, auxquels elles tiennent immédiatement. La première plantation eut lieu par ordre de *Marie de Médicis*, en 1628, et la seconde, en 1723, fut faite en présence du duc d'Antin, sur-intendant des bâtimens du Roi. Cette seconde plantation d'arbres déjà forts, transportés à grands frais, se fit en un instant et comme par enchantement : C'est un des prodiges de la galenterie française.

ALLÉE DES VEUVES.

Avenue solitaire partant de l'étoile des Champs-Élisées , et aboutissant aux premières maisons de Chaillot. Parmi quelques guinguettes , se trouvent plusieurs maisons de restaurant qui ne sont pas le rendez-vous de la meilleure compagnie.

CIMETIÈRES.

Quatre principaux cimetières , placés aux quatre extrémités de Paris , sont consacrés à l'inhumation des habitans de la Capitale.

Le premier , par son étendue , son site pittoresque , ses beaux monumens funéraires , est celui de *Mont-Louis* , établi sur le terrein de la maison du père *Lachaise* , célèbre confesseur de Louis XIV. Là sont les tombes des *Delille* , de *Fourcroi* , des *Grétry* , et celles d'un grand nombre d'hommes célèbres dans les sciences, les lettres, les arts et la guerre.

Les autres cimetières sont ceux de Montmartre, de Sainte-Catherine et du Mont Parnasse,

COLLÉGES ROYAUX DE PARIS.

Paris renferme quatre collèges royaux, dont les élèves, outre leurs concours particuliers, se réunissent tous les ans, au mois d'août, en concours général, pour ce qu'on appelle les grands prix de l'Université.

CONSERVATOIRE DES ARTS ET MÉTIERS,
Rue Saint-Martin.

Cet établissement, qui réunit depuis son origine les machines et instrumens provenant de l'ancienne Académie des Sciences, de la galerie des mécaniques de M. le duc d'Orléans , des inventions et collections de Vaucansson, des instrumens de pysique de M. Charles , qui réunit encore les modèles et dessins des principales machines en usage dans les pays étrangers , est spécialement destiné à recevoir l'original des instrumens et machines inventés ou perfectionnés par les artistes-mécaniciens et ouvriers français. Il renferme déjà uue collection nombreuse de machines , modèles, outils planches gravées , dessins , descriptions et livres , dans tous les genres d'arts et métiers.

On y a établi les instrumens de physique et les appareils de chimie nécessaires pour l'enseignement public de ces deux branches des sciences naturelles appliquées aux arts. On y fait des cours publics de mécanique et d'hydraulique ; les galeries des produits de l'industrie se complettent ; on y trouve une bibliothèque assez considérable d'ouvrages sur les arts industriels.

L'école de dessin et de géométrie des-
criptive, établie au conservatoire depuis
la création, a reçu le complément dont
elle était susceptible.

COLLÈGE DE FRANCE,

Place Cambrai.

François Ier établit en 1531, suivant
Belleforest (Annales de France), douze
lecteurs publics pour les langues grec-
que, latine, hébraïque, etc. ; il se pro-
posait de former un collége où toutes
les siences et toutes les langues eussent
été enseignées gratuitement, et auquel
il eût donné un revenu suffisant pour la
nourriture, l'entretien et le traitement
des professeurs et d'un certain nombre
d'écoliers. La mort ne permit pas à ce
Prince d'effectuer ce projet digne de lui ;
il ne put faire exécuter que les bâtimens
du collège, qui furen t achevés en 1530,
Ses successeusr y fondèrent plusieurs

chaires. Les premiers Professeurs de France y donnent des leçons qui sont régulièrement suivies par les amis des lettres, et par une jeunesse studieuse.

Ce collège a été rebâti sur les dessins de M. Chalgrin. On remarque dans la salle des séances publiques un plafond où est representée une allégorie à la gloire des Princes, par *Tarraval*.

ÉCOLE DE MÉDECINE

OU DE CHIRURGIE,

Rue des Cordeliers.

Élevé sur les dessins de *Gondouin* et par la munificence de Louis XV, cet édifice, recommandable aux yeux des philantropes par sa destination, ne l'est pas moins au x yeux des amis des arts par sa construction riche et majestueuse.

Un péristyle d'ordre ionique à quatre rangs de colonnes, supporte un attique où l'on a menagé l'emplacement néces- saire à une bibliothèque et à un cabinet

b d'anatomie. Au milieu du péristyle ,
b dans un bas-relief de trente pieds de
largeur, le *Génie de la France* , *Mi-*
nerve et la *Générosité*, présentent à la
chirurgie , à la *prudence* et à la *Vigi-*
lance , le *plan* de l'École , espérance
des malades placés par groupes dans
l'arrière-ban du bas-relief.

Les bâtimens qui forment la cour
sont d'ordre ionique; l'amphithéâtre est
renfermé dans un avant-corps formé des
ordres ionique et corinthien ; le fronton
de cette partie est orné d'un bas-relief
représentant la *théorie* et la *pratique* ,
sous la figure de deux femmes qui se donnent la main sur un autel, auprès duquel
elles enfans se livrent à l'*étude* et à la *pra-*
tique de la chirurgie.

Ces bas-reliefs sont de *Perruez* , qui
a également exécuté dans les entreco-
lonnemens les cinq médaillons-portraits
des célèbres docteurs *Petit, Maréchal* ,
Pitard, Paré et Lapeyronerie.

7

On voit, par la construction de la belle fontaine de l'École de médecine, que l'on doit continuer dans toute la largeur de cet édifice, un bâtiment analogue à l'architecture de l'École et de la fontaine. Puisse ce projet recevoir une prompte exécution ! Construire, achever et perfectionner, a toujours été le système de tout Gouvernement éclairé et vraiment libéral.

ÉCOLE D'HORLOGERIE,

Au palais de l'Institut, pavillon de l'ouest, tenue par M. Janvier.

Cette école est spécialement destinée aux artistes horlogers, qui, nés avec le génie propre à saisir les principes, n'ont pas tous les moyens d'instruction qu'ils pourraient désirer ; mais l'horlogerie étant en quelque sorte la science du mouvement, tout ce qui concerne les machines peut être du ressort de cet art.

et M. Janvier reçoit avec plaisir tous les citoyens qui croient pouvoir profiter de ses conseils.

ÉCOLE MILITAIRE.

Fondée par Louis XV, en 1751, et destinée à l'éducation des jeunes gentilshommes sans fortune , l'École Militaire a été construite sur les dessins de *Gabriel.* Elle est située non loin de l'Hôtel des Invalides, et, comme ce bel hôtel, isolée de toute habitation. De longues et solitaires avenues donnent sur ses côtés et sur ses derrières. Le Champ-de-Mars est en face : plus loin, le pont ci-devant d'Jéna. Sa situation est des plus magnifiques , et relève merveilleusement les divers genres de beauté d'un édifice à la fois noble et élégant.

La façade principale donnant sur le Champ-de-Mars, se compose de trois corps de logis. Celui du milieu a un avant-corps formé de colonnes corinthiennes, surmontées d'un fronton avec bas-relief, et accompagné d'acrotères portant des statues. Les figures du *Temps* et de *l'Astronomie* entourent un cadran placé au milieu du dôme.

La façade sur le boulevart et les avenues, se compose de deux corps de logis séparés, formant une première cour sur laquelle s'ouvre une grille à trois portes qui sert de communication à une seconde cour renfermant, à chacun de ses côtés, des galeries revêtues de colonnes doriques. Huit colonnes corinthiennes ornent l'avant-corps du milieu de l'édifice.

On a placé au bas du grand escalier quatre statues, et dans la salle du conseil quatre tableaux représentant les batailles de *Fontenoy* et de *Laufelt*, les sièges de *Tournay* et de *Fribourg*.

Depuis plusieurs années, l'école Mili-

...litaire sert de caserne à une partie de la garde du Souverain.

CHAMP DE MARS.

Située devant l'Ecole militaire, et, dès son origine, dépendant de cette École, entourée de larges fossés revêtus en pierre, et fermée de grilles, cette vaste enceinte est célèbre dans les fastes de la révolution française, par la cérémonie de la *Fédération* de 1790, les fêtes patriotiques et le fameux *Champ-de-Mai de* 1815.

On y fait encore ce qu'on appelle militairement la *petite guerre*, et l'on y passe les *grandes revues*. Les superbes *talus* qui bordent ses côtés intérieurs peuvent contenir une population immense; ils datent de la cérémonie de la Fédération, à l'occasion de laquelle ils ont été faits.

7 *

ECOLE ROYALE DE MOSAÏQUE,

Rue de l'École de Médecine,
aux Cordeliers.

Les élèves de cette école, où l'on enseigne l'art de la mosaïque, sont nommés par le ministre de l'intérier, et sont logés et instruits aux frais du gouvernement.

On leur apprend à copier en mosaïque les tableaux, et à exécuter toutes sortes d'objets d'ameublement et de décor.

On reçoit dans cet établissement, en qualité d'externes, les jeunes artistes qui désirent s'instruire dans ce genre de peinture véritablement indestructible.

Les différens ouvrages en mosaïque de l'école sont exposés tous les samedis, de midi à quatre heures, dans une salle particulière où les amateurs sont admis.

ÉCOLE ROYALE GRATUITE DE DESSIN,

EN FAVEUR DES ARTS MÉCANIQUES,

Rue de l'École de Médecine.

M. Bachelier, recteur de l'ancienne académie royale de peinture et directeur de l'académie d'architecture civile et navale de Marseille, fonda cette École en 1767, en faveur des ouvriers de la ville de Paris qui se destinent aux professions mécaniques.

ÉCOLE ROYALE SPÉCIALE ET GRATUITE DE DESSIN,

POUR LES JEUNES PERSONNES,

Rue de Touraine, n° 7, faubourg Saint-Germain.

La sollicitude paternelle du gouvernement s'est particulièrement manifestée dans l'établissement de cette école en faveur des jeunes personnes qui ne peuvent sans inconvénient fréquenter les écoles publiques d'un autre sexe. Une artiste distinguée leur enseigne trois fois par semaine, le lundi, le mecredi et le vendredi, le dessin de figure, d'ornement, de paysage, d'animaux et de fleurs.

Des médailles d'argent sont distribuées à titre d'encouragement, et, chaque année, il y a de grands prix suivis d'une exposition publique des dessins du concours.

ECOLE ROYALE VÉTÉRINAIRE D'ALFORT.

On doit au savant praticien Bourgelat l'importante fondation de l'école royale vétérinaire d'Alfort, qui date de l'année 1766. Cet établissement de première classe, et qui depuis son origine n'a cessé de recevoir des accroissemens aussi importans que nombreux, est destiné à former des maréchaux et des médecins vétérinaires.

Il possède une bibliothèque spéciale de zoologie domestique, un cabinet d'anatomie comparée, un cabinet de pathologie, qui sont ouverts tous les jours au public; de vastes hôpitaux, où l'on reçoit les animaux malades; un chenil, des forges, un laboratoire de chimie, une pharmacie, un jardin botanique, un terrein pour la culture des fourrages, un rucher, un troupeau de bêtes à laine destiné à des expériences sur le croisement des races, et l'amélioration des laines; un haras d'expérience et de reproduction, où les propriétaires peuvent envoyer leurs jumens au printemps; un amphithéâtre pour les cours; des salles d'étude, etc.

ECOLE DE NATATION.

Le premier de ces établissemens, très-élégant, et où se rendeut les personnes distinguées, est situé quai d'*Orsay*, près du pont Louis XVI ; l'autre est *à la pointe de l'Ile Saint-Louis.* Ces établissemens se recommandent par un vaste bassin, des accessoires utiles et agréables, tels que cabinets particuliers pour servir de vestiaire aux élèves, linge bien blanc, etc. ; par les précautions que les propriétaires prennent pour prévenir les accidens ; enfin, par l'honnêteté, la prudence et le zèle des maîtres nageurs, hommes qui pratiquent parfaitement l'art dont ils donnent d'excellentes leçons.

Le propriétaire de l'école de natation, quai d'Orsay, tient, dans l'établissement même, un café-restaurant.

EGLISES.

Tout jaloux que nous sommes de la

gloire nationale, nous conviendrons que
Paris ne possède pas un seul temple qui
réponde à la magnificence et à la célébrité de cette capitale. La métropoli-
taine , quoique la plus imposante des
églises de Paris , est pourtant éclipsée ,
dans le genre de l'architecture gothique,
par plusieurs cathédrales des provinces
de France ; et dans le genre de l'architecture antique , Sainte-Geneviève est
sans doute bien loin de pouvoir être
comparée à Saint-Pierre de Rome. Même
avant que l'impiété révolutionnaire eût
dévasté les églises de Paris , elles étaient
en général moins belles que riches. Cependant plusieurs méritent de fixer l'attention même des artistes qui ont eu le
bonheur de parcourir l'étranger ; et
toutes étonneraient aujourd'hui l'Italie,
par le peu de temps qu'il a fallu au zèle
d'un petit nombre de fidèles , pour en
faire les réparations essentielles.

De jour en jour on voit croître ce

saint et noble zèle ; et il suffirait qu'il
fût dirigé par des ministres aussi amis
de la Religion que des beaux arts, pour
que, sous le rapport de l'ornement intérieur, nos temples pussent bientôt rivaliser la magnificence de ceux de Rome
chrétienne. Cette assertion ne semblera
point exagérée, si l'on considère com-
bien notre école de peinture est floris-
sante ; et, dans cette variété de talens,
il s'en trouverait sans doute qui seraient
capables de cultiver avec distinction un
genre trop négligé en France. Pourquoi,
dans un pays qui a vu pour ainsi dire
naître et se perfectionner l'éloquence
sacrée, la peinture n'aurait-elle pas ses
Michel-Ange et sés *Raphaël*? Le génie
de la guerre parlait, et les tableaux de
batailles se multipliaient aussi rapide-
ment que nos victoires. Que, sous un
règne pacifique, la voix plus douce et
non moins persuasive du génie de la Religion se fasse entendre : alors chaque

année verra éclore sous le pinceau de nos
artistes, quelque chef- d'œuvre inspiré
par les annales de cette religion, source
des plus touchantes et des plus sublimes
beautés dans les arts libéraux.

ÉGLISES ET SUCCURSALES
PRINCIPALES.

(Elles sont désignées dans l'ordre des arron-
dissemens de Paris.)

MADELAINE. — Paroisse du premier
arrondissement, bâtie en 1670, sur les
dessins d'*Errard*, peintre du Roi.

Saint-Louis, rue Sainte-Croix, succursale de la Madelaine, construite en
1780, pour un couvent de capucins.

Saint-Philippe-du-Roule, autre succursale, faubourg du Roule, terminée
en 1784, sur les dessins de M. *Chalgrin*.

SAINT-ROCH.—Petite chapelle en 1521,
succursale de Saint-Germain-l'Auxerrois

en 1577, église paroissiale en 1663. La
construction de cette église, maintenant
cure du deuxième arrondissement, fut
commencée sur les dessins de *Louis*
Lemercier, et terminée par *Robert de*
Cotte, en 1736. Louis XIV en avait posé
la première pierre en 1683.

Une petite chapelle, celle *Notre-*
Dame-de-Lorette, rue du Faubourg
Montmartre, est la seule succursale de
Saint-Roch.

Saint-Eustache. — Cette cure du troisième arrondissement était, dans l'origine, une chapelle dédiée à Sainte-Agnès.
Elle devint église paroissiale en prenant,
en 1223, le nom de *Saint-Eustache*.
L'église fut commencée en 1532. Le
portail principal, exécuté par *Mansard*
de Jouy, date de 1754. C'est sans con-
tredit le plus imposant après celui de
Saint-Sulpice.

Notre-Dame-des-Victoires, près la

place des Victoires, ancienne église des *Petits-Pères*, succursale de Saint-Eustache. Louis XIII posa la première pierre de cet édifice en 1629. Le bâtiment ou édifice actuel est de l'année 1650. Il fut construit par *Lemuet*.

Notre-Dame-de-Bonne-Nouvelle. après le boulevart, seconde succursale de Saint Eustache, construite en 1624.

SAINT-GERMAIN-L'AUXERROIS, cure du quatrième arrondissement, dédiée, dans l'origine, à Saint-Vincent, puis à Saint-Germain, d'où elle a pris le nom de *Saint-Germain-l'Auxerrois*. Elle existait déjà au commencement du sixième siècle. Ravagée par les Normands, rebâtie et restaurée plusieurs fois depuis, sa dernière restauration date de 1746. Le portail est de l'année 1435. Elle est paroisse royale.

SAINT-LAURENT, faubourg Saint-Martin, cure du cinquième arrondissement, monastère au sixième siècle , paroisse en 1220. Cet édifice a été rebâti plusieurs fois. En 1622, on construisit le portail qui le décore.

Saint-Vincent de Paule , rue Montholon , succursale de Saint-Laurent , chapelle de construction moderne peu remarquable.

SAINT-NICOLAS-DES-CHAMPS, rue Saint-Martin , anciennement petite chapelle du bourg dépendant de l'abbaye Saint-Martin. Cette église, cure du sixième arrondissement , est paroissiale depuis l'année 1184.

Saint-Leu, rue Saint-Denis, chapelle en 1235 , paroisse en 1617, maintenant succursale de Saint-Nicolas-des-Champs. Elle a été restaurée, en 1780, par M. *de Wailly* , architecte.

SAINT-MERRY, rue Saint-Martin , cure du septième arrondissement. Son origine

(89)

smonte au sixième siècle. A cette époque, c'était une simple chapelle portant
elle nom de *Saint-Pierre*. Au siècle suivant, elle prit le nom de *Saint-Merry*
dont elle reçut les dépouilles terrestres,
et devint dès-lors église paroissiale. Elle
fut entièrement rebâtie en 1520.

Elle a trois succursales dépendantes,
dans l'origine, de trois couvens, *Notre-*
Dame-des-Blancs-Manteaux, rue des
Blancs - Manteaux, *Saint - François-*
d'Assise, rue du Perche, et *Saint-*
Denis, rue de Touraine.

SAINTE-MARGUERITE rue Saint-Bernard,
cure du huitième arrondissement. Jusqu'en 1712, elle fut succursale de Saint-
Paul.

Ses succursales sont *Saint-Antoine-*
des-Quinze-Vingts, rue de Charenton,
et *Saint-Ambroise*, rue Popincourt.

BASILIQUE DE NOTRE-DAME, neuvième
arrondissement. Cette église est célèbre

8 *

par son ancienneté, par la hardiesse de son architecture gothique, et parce qu'elle est métropole de Paris.

Elle a été décrite dans un grand nombre d'ouvrages qu'il est facile de se procurer, et auxquels il convient de renvoyer le lecteur; parce que, pour en rendre la description exacte et intéressante, il faudrait y consacrer un nombre de pages que ne comporte pas le peu d'étendue de ce recueil.

Cette église a pour succursales:

Saint-Louis en l'île, église construite en 1664, sur les dessins de *Louis Leveau*.

Saint-Gervais, d'une très-haute antiquité, et dont le portail est de *Jacques Desbrosses*.

On sait que Voltaire, dans le temple du Goût, fait une mention très-honorable de ce morceau d'architecture, et regrette qu'il soit si mal entouré.

Saint-Paul ou *Saint-Louis-Saint-Paul*, rue Saint-Antoine. Louis XIII en posa la première pierre en 1627. Elle fut terminée en 1641.

Saint-Thomas d'Aquin, rue Saint-Dominique, faubourg Saint-Germain, rue du dixième arrondissement, commencée en 1683 sur les dessins de *Pierre Bullet.*

Saint-Sulpice, construit sur les dessins de *Louis Leveau.* Son portail est une conception singulière et hardie de l'Italien Servandoni. Deux superbes portiques s'élèvent l'un sur l'autre, et représentent un aspect presqu'aussi imposant que la colonnade du Louvre.

Saint-Germain-des-Prés, succursale de Saint-Sulpice. Cette église est fameuse dans les antiquités de Paris.

Saint-Severin, d'une très-haute antiquité, seconde succursale de Saint-Sulpice.

Saint-Étienne du Mont, cure du douzième arrondissement, également d'une haute antiquité. Les reliques de Sainte-Geneviève, patrone de Paris, y sont déposées.

Sainte-Geneviève, ci-devant *Panthéon Français*.

Les mêmes motifs qui font renvoyer le lecteur aux descriptions de l'*Église Notre-Dame*, déterminent un pareil renvoi pour la nouvelle Église de Sainte-Geneviève, chef-d'œuvre de *Soufflot*, et de l'architecture moderne.

FONTAINES PUBLIQUES.

FONTAINE DES INNOCENS.

La plus ancienne, la plus monumentale, et peut-être la plus admirable, est la fontaine des Innocens.

Construite en 1550, par *PierreLescot*, ornée de figures et de bas-reliefs de

Jean *Goujon*, le *Michel-Ange* de la
sculpture française, et dédiée aux *Nym-*
phes des fontaines (Fontium Nym-
phis); cette fontaine est maintenant
déplacée au centre du marché des Innocens,
où elle fut transportée, en 1788, de l'an-
gle de la rue Saint-Denis et de celle aux
Fers. Lors de ce déplacement, le célèbre
Pajou, l'un des sculpteurs qui honorent
le plus son art et la France, y ajouta des
figures et des bas-reliefs, inférieurs à
ceux de son immortel devancier, mais
non indignes de s'en trouver si voisins.

FONTAINE DE GRENELLE.

Ressérée dans une rue étroite, adossée
à un bâtiment d'assez mesquine appa-
rence, la *fontaine de Grenelle* n'attire
point l'attention du public. Les artistes
et le petit nombre des amis des arts,
viennent seuls l'admirer en silence, et
se pénétrer des beautés du premier ordre,

que le génie et le ciseau de *Bouchardon*
on multipliés à l'infini dans toutes ses
parties.

Terminée en 1739, sur les dessins
de ce maître, elle est ornée de trois statues en marbre représentant la *ville de
Paris*, la *Seine*, la *Marne*. Sur les
aîles du monument on remarque les
quatre saisons avec leurs attributs.

Tout y est digne de fixer l'attention.
L'ensemble et les masses sont du plus
noble effet ; les proportions d'une exactitude parfaite ; les détails pleins de grâce
et d'harmonie. C'est un chef-d'œuvre.

Reportée sur une vaste place ou dé-
gagée des bâtimens qui l'avoisinent,
cette fontaine partagerait la célébrité
dont la fontaine des Innocens est seule
en possession.

FONTAINE DE L'ÉCOLE DE MÉDECINE.

Quoiqu'elle n'étale pas le luxe de la

lpture, la fontaine de l'École de mé-
;ine attire les regards et les fixe par sa
me singulière, dont aucune autre fon-
ne de Paris n'offre d'exemple. C'est
e grotte profonde, vaste et élevée, sou-
nue par quatre colonnes d'ordre dori-
e cannelées et portant un attique.
eau coule en nappe de la voûte et se
pand dans un bassin où se baignent les
ses des colonnes.

Parfaitement en harmonie avec le bel
ifice de l'École de Médecine qu'elle a
. regard, cette fontaine doit, sous plus
un rapport, être considérée comme la
emière après celles que nous venons de
nmmer. Son architecture est simple et
un goût sévère. On admire sans le vou-
ir, un monument d'un effet imposant,
. qui ne doit rien aux accessoires, rien
des secours étrangers.

FONTAINE DU CHATELET.

Elle est très-belle et le paraîtrait da-

vantage encore si elle n'était pas entourée de mâsures. Sa forme est une colonne
dans le style égyptien, portant un globe
doré, qui forme la base d'une *Victoire*
également dorée ; quatre statues du ciseau de feu *Boisot*, entourent le bas de
la colonne en se donnant la main : elles
représentent la *Loi*, la *Force* la *Vigi-*
lance et la *Prudence*. Elles font le plus
grand honneur au talent de l'artiste.

FONTAINE DU GROS-CAILLOU,

Rue Saint-Dominique.

Remarquable par son élégance, elle a
quatre faces formées chacune de deux pilastres, portant un socle. Sur la principale, en regard de l'hôpital militaire
de la garde, est représenté un guerrier
malade que console *Hygie*, déesse de la
santé.

FONTAINE DES INVALIDES.

Un simple piédestal surmonté d'un
cle sur lequel était le *Lion de Saint-
Marc*, telle est la fontaine établie dans
vaste esplanade des Invalides, en face
célèbre hôtel de ces braves guerriers !

FONTAINE SAINT-SULPICE.

Devant le majestueux portail de *Ser-
indoni*, sur une place immense, s'é-
ve ou plutôt s'abaisse une fontaine...,
i serait trop petite pour la Cour batave!

FONTAINE DESAIX,

Place Dauphine.

Monument élevé en 1802 par souscrip-
on. C'est un piédestal en forme de co-
nne, sur lequel est un autre piédestal
rmonté du buste de Desaix. La *France*
uerrière lui pose une couronne sur

9

tête. Des emblêmes et des inscriptions
rappellent les principaux traits de sa vie
militaire. Le dessin de la fontaine est de
Percier, et les sculptures de *Fortin*.

FONTAINE

DE LA PLACE DE L'ÉCOLE,

Au bas du Pont-Neuf.

Piédestal portant un vase.

FONTAINE

DE LA POINTE SAINT-EUSTACHE.

Elle tient au mur. On remarque une
tête de Tentale ou Mascaron, d'un effet
très-expressif.

FONTAINE DE LA RUE DE SÈVRES.

Figure égyptienne de grandeur colos-
sale, tenant dans chaque main un vase
d'où l'eau s'épanche dans un bassin.

FONTAINE
DE LA RUE DE VAUGIRARD.

Attenant au mur : c'est une Léda couchée. L'eau s'échappe du bec du cygne.

FONTAINE
RUE DU JARDIN DES PLANTES.

Piédestal terminé par une forme convexe.

FRANCS - MAÇONS.

On s'abstiendra ici de désigner aucun temple maçonnique. Le *frère* qui désirera *visiter*, trouvera, dans le calendrier maçonnique qui se distribue au Grand Orient de France, rue du Four - Saint-Germain, les renseignemens qui lui seront nécessaires. S'il veut s'éviter cette espèce de recherche, il peut s'adresser directement aux locaux suivans, où se tiennent les loges :

Rue Saint-Honoré, presque en face de celle du Lycée ;

Rue de Grenelle-Saint-Honoré, maison du Tivoli d'hiver ;

Rue Saint-Merry, presque en face de l'hôtel de Jaback ;

Au Prado, local du ci-devant théâtre de la Cité ;

Et rue Jean-Jacques Rousseau, hôtel de Bullion.

GARDE-MEUBLE

DE LA COURONNE.

Ce titre indique la destination du bel édifice construit, en 1768, par *Gabriel*, afin, dit-on, de rivaliser ou d'imiter la fameuse colonnade de *Perrault*.

Le Garde-Meuble a beaucoup perdu lors de la révolution ; un très-grand nombre des objets précieux qu'il renfermait, et qui furent ou dilapidés ou reportés dans des dépôts particuliers, tels par exemple, que le musée d'artillerie,

ue de l'Université ; cependant on y admire encore d'anciennes et magnifique-
apisseries, et de très-beaux meubles-
etinés à orner les Palais royaux.

GRENIERS D'ABONDANCE,

Sur l'emplacement des Jardins de l'Arsenal.

Destinés, comme on sait, à servir de
magasin aux blés, farines, etc., ils fu-
ent commencés en 1808, sur les dessins
de M. *Delanoy* architecte, ancien pen-
ionnaire du Roi à Rome.

Cet édifice situé près de la rivière et
les boulevarts a environ soixante pieds
le largeur, et plus de onze cents pieds
le longueur, il se compose de cinq
vant-corps et de quatre arrière-corps.
il doit, ou devait avoir cinq étages.

Les travaux poussés vivement jusqu'aux désastres de 1814 et 1815, et

d'épaisseur et de quatre pieds de longueur,
comportait cent vingt pieds de diamètre,
et formait un cercle dont le centre était
pris au niveau de la corniche. Elle fut exécutée sur les dessins de *Philibert Delorme*, par MM. *Legrand* et *Molinos*,
architectes. Elle a été rétablie en fer
battu, avec toute la grâce et la légèreté
qui étaient propres à la coupole en bois ;
la coupole nouvelle offre de plus un
avantage inappréciable, celui de n'avoir
à craindre aucun des accidens qui me-
nacent les constructions fragiles, et pour
ainsi dire temporaires.

A l'extérieur de la Halle au Blé, on
remarque, non sans l'avoir quelquefois
cherché, la colonne qui servait d'observatoire à Catherine de Médicis, et qui
faisait partie de l'hôtel *Soissons* sur
l'emplacement duquel la Halle a été
bâtie.

HALLE AUX DRAPS ET AUX TOILES.

Vaste édifice d'un caractère sévère, mais d'un effet peu agréable, et d'ailleurs offusqué par les maisons et les masures qui l'entourent. Il a été construit sur les dessins de MM. *Legrand* et *Molinos.*

HALLE AUX CUIRS,

Rue Bon Conseil, ou Mauconseil.

HALLE OU MAGASIN AU SEL

Rue Saint Germain l'Auxerrois.

HALLE AU POISSON D'EAU DOUCE,

Rue de la Cossonnerie.

HALLE A LA VIANDE

Rue du Marché aux Poirées.

HALLE A LA MARÉE, AUX FRUITS ET AUX LÉGUMES,

Rue de la Ferronnerie.

HALLE AU VIN,

Port Saint-Bernard.

Elle n'est point encore terminée. Situation superbe, étendue considérable, constructions commodes et d'un bon goût; avantages de tous les genres : voilà ce qui fait de cet établissement un vrai modèle dans son genre.

HOPITAUX, HOSPICES, MAISONS DE BIENFAISANCE ET DE SANTÉ.

HÔTEL-DIEU,

Place du parvis-Notre-Dame.

Il fut fondé vers le milieu du 7e. siècle par Saint-Landry, évêque de Paris. Il est le premier et le plus considérable de la capitale par l'ancienneté, le nombre des malades, le mérite des médecins, chirurgiens et élèves. On n'y admet aucune personne attaquée de maladie endémique ou épidémique.

HOPITAL GÉNÉRAL DE LA SALPÉTRIÈRE,

Près du Jardin du Roi.

Construit sous Louis XIV, en 1656 ; il est divisé en trois parties ou maisons, savoir : la *Salpétrière*, la *Pitié* et *Bicêtre*.

L'hôpital général reçoit, entretient et nourrit plusieurs milliers de pauvres qui sont, pour la plupart, occupés à des travaux utiles au commerce de Paris. Il renferme, dans une cour séparée, une maison de force où sont déposées les femmes de mauvaise vie et celles coupables des délits qui entraînent la peine de la réclusion. Dans une autre partie, il y a un bâtiment particulier pour les fous et les imbécilles.

On y remarque une pharmacie assez considérable et une belle église.

PITIÉ, OU ANNÈXE DE L'HOTEL-DIEU ,

Rue Saint-Victor, près celle du Jardin du Roi.

C'est maintenant une espèce de sucçursale de l'Hôtel-Dieu.

BICÈTRE.

Château-fort dans son origine, puis successivement maison de plaisance d'un évêque de Wincester, asile des invalides sous Louis XIII, lieu de retraite des mendians sous Louis XIV. Dépendant de l'hôpital général , cet hospice est maintenant consacré aux vieillards pau-

vres et infirmes, au traitement des fous ;
enfin, il sert de maison de force pour les
malfaiteurs et les criminels condamnés.

HOPITAL DE LA CHARITÉ,

*Rue des Saints - Pères, faubourg
Saint-Germain.*

Fondé, en 1682, par Marie de Médicis. On y traite les maladies aiguës.

L'hôpital de la Charité renferme une école de Clinique, établie en 1793 ; une salle de bains à vapeurs, et une salle de douches.

HOPITAL SAINT-LOUIS,

*Près de la barrière et de la rue
de Bondy,*

Fondé par Henri IV.
Traitement des maladies carcinomateuses.

HOSPICE DES VÉNÉRIENS,

Faubourg Saint-Jacques.

. On y traite les maladies vénériennes dans tous leurs développemens. Les cures intéressantes sont consignées dans des registres.

MAISON DES VÉNÉRIENS,

Rue du faubourg Saint-Jacques,

Établie et dirigée par les médecins de l'hôpital pour les personnes aisées, qui y sont traitées avec des soins et des égards particuliers, moyennant un prix modi-que.

HOSPICE DES INCURABLES-FEMMES,

Rue de Sèvres,

Fondé en 1637.

On n'y admet que des femmes per-
clues, ou attaquées de maladies incura-
bles.

HOSPICE DES INCURABLES-HOMMES,

Faubourg Saint-Martin,

Consacré uniquement aux hommes attaqués des mêmes maladies.

HOPITAL SAINT-ANTOINE,

Faubourg de ce nom.

Traitement des malades comme à
l'Hôtel-Dieu.

HOPITAL NECKER,

Rue de Sèvres,

Fondé par M. Necker, en 1778.
Même régime que le précédent.

HOPITAL COCHIN,

Faubourg Saint-Jacques ,

Fondé par M. Cochin, curé de cette paroisse. Même régime.

HOPITAL BEAUJON,

Faubourg de Roule.

Fondé, en 1784 , par M. Beaujon , riche financier. Même régime.

On y donne des consultations gratuites.

HOPITAL DU GROS-CAILLOU ,

Rue St.-Dominique-St.-Germain.

Hôpital militaire de la Garde.

HOPITAL DU VAL DE GRACE ,

Au Val de Grâce , faubourg Saint-Jacques.

Hôpital militaire.

On cultive, dans le jardin qui en dé-
pend, un grand nombre de plantes mé-
dicinales.

HOPITAL DES ENFANS TROUVÉS ET HOSPICE DE LA MATERNITÉ,

*Rue de la Bourbe et rue d'Enfer-
Saint-Michel.*

Le premier est célèbre : Saint-Vincent
de Paule, ce grand apôtre de l'huma-
nité, le fonda en 1640.

Dans le second, les femmes erceintes
sont reçues deux mois avant le terme
présumé de leurs couches.

Les élèves sages-femmes y font un
cours sous des maîtres habiles.

HOSPICE DES MÉNAGES, OU PETITES-MAISONS,

Rue de Sèvres.

On y reçoit les vieillards moyennant

une somme une fois payée ; on y renferme aussi les fous et les maniaques.

HOPITAL DES ENFANS MALADES,

Rue de Sèvres,

Fondé par M. Languet, curé de Saint-
Sulpice.

On y traite les enfans des deux sexes,
de l'âge de 2 à 15 ans, attaqués de maladies aiguës.

HOSPICE DES ORPHELINS,

Rue du faubourg Saint-Antoine.

On y élève, entretient et instruit un
certain nombre d'orphelins des deux
sexes.

HOSPICE DES QUINZE-VINGTS,

Faubourg Saint-Antoine,

Fondé par Saint-Louis, en 1220, en
10 *

faveur des chevaliers-croisés frappés de cécité et privés de fortune.

On y admet maintenant tous les pauvres aveugles , qui y sont logés, nourris, chauffés et vêtus. Les jeunes y reçoivent l'instruction dont ils sont susceptibles.

MAISON DE RETRAITE ,

A Montrouge.

Les vieillards et les infirmes y sont admis moyennant une somme annuelle.

MAISON DE SAINTE-PERRINE ,

A Chaillot ,

Destinée aux vieillards des deux sexes qui s'y font admettre comme pensionnaires ou pour certaine somme une fois payée.

MAISON DE SANTÉ ,

Faubourg Saint-Martin ,

Établie par l'administration des hos-

pices. On y est traité moyennant 2 fr.
par jour dans les salles communes, et 3 f.
dans des chambres particulières.

SECOURS A DOMICILE,

Distribués par l'administration des
hospices aux infirmes, aux vieillards,
aux mères indigentes, etc. Ces secours
sont en nature, tels que pain, vin,
viande, bois, etc.

MAISON DE SANTÉ,

A Charenton,

Fondée, en 1644, par le Ministre
Leblanc.

Traitement des fous et des maniaques.

HOSPICE DE L'ÉCOLE
DE MÉDECINE,

Place de cette école.

Traitement gratuit des maladies intéressantes pour l'art.

HOTEL ROYAL DES INVALIDES.

Entouré de boulevarts et d'avenues, ayant devant l'entrée d'honneur une esplanade immense, accompagnée d'arbres et de verdure, et à l'extrémité, la Seine et les Champs-Élisées, l'Hôtel des Invalides est aussi agréablement situé pour la commodité et l'agrément de ses hôtes vénérables, qu'il l'est heureusement pour son effet, comme monument digne d'attirer l'attention générale.

La façade principale du bâtiment comprend une étendue de cent toises (près de deux cents mètres). Le bâtiment a trois avant-corps percés d'arcades; il est élevé de trois étages. La porte du milieu est décorée de pilastres d'ordre ionique; on a replacé récemment le bas-relief du fronton, composé de la statue équestre de Louis XIV, et des figures de la *Justice* et de la *Prudence*. A l'extérieur de cette

orte , sont les statues colossales de
Mars et de *Minerve.*

La Cour Royale, très-vaste et très-
belle, est décorée de portiques ouverts
à arcades. Les ordres ioniques et com-
posites, l'un sur l'autre, et couronnés
d'un fronton, distinguent l'avant-corps
du fond de cette cour qui conduit à
l'église.

Le dôme, ouvrage admirable de *Jules
Hardouin – Mansard*, est entièrement
doré; la croix qui le surmonte est élevée
à trois cents pieds du sol (environ qua-
tre-vingt-quinze mètres.)

Le portail, sur le boulevart, élevé
sur un perron de plusieurs marches, est
décoré des ordres dorique et corinthien,
surmontés d'un fronton triangulaire.

Tout est remarquable dans cet édifice:
arcades , dôme, cours, église, réfectoire,
infirmerie, bibliothèque; tout, jusqu'aux
lieux où l'on prépare les alimens. Ces
pièces sont tenues avec une propreté qui

fait l'éloge de l'administration et de[s] préposés. C'est en sortant de visiter l'in[-]térieur de l'Hôtel des Invalides, que l[e] sage et le philanthrope peuvent dire avec l'ami des arts et de la patrie :

Gloire immortelle au grand siècle d[e] Louis-le-Grand ! ! !

HOTEL DE VILLE,

Place de ce nom.

Commencé en 1533, et terminé e[n] 1606, sur le dessins de *Dominique Co*[*n*]*tonne*, cet édifice est célèbre par l[es] événemens dont il a été le théâtre, n[o]tamment depuis la révolution.

C'est dans cet hôtel que la ville [de] Paris a l'honneur de traiter le Souverai[n] et, par un contraste aussi inconsidé[ré] que repoussant, c'est sur la place de c[et] hôtel que les criminels sont mis à mort.

HOTEL DES MONNAIES,

Quai Conti.

Cet hôtel, l'un des plus beaux édifices qui aient vue sur la Seine, est destiné aux diverses opérations du monnayage. On y vérifie les titres et poinçons de toutes les matières d'or et d'argent du commerce de Paris.

Les bureaux de l'administration générale des monnaies sont situés dans cet hôtel, où sont également réunis, entrée par le quai, le *Musée royal des Mines*, formé par M. Sage, et entrée par la rue Guénégaud, la *Monnaie des Médailles*.

HOTEL SOUBISE ET PALAIS CARDINAL,

Rue du Paradis et vieille rue du Temple.

Les bâtimens de cet hôtel, autrefois occupés par le connétable de Clisson,

les princes de la maison de Lorraine e
les ducs de Guise, qui le possédèrent jus
qu'en 1697, ont été restaurés, il y
quelques années, par M. Cellerier, pou
servir de dépôt aux archives royales
et pour l'établissement de l'Imprimeri
royale.

HÔTEL DE LA VRILLIÈRE,
OU DE TOULOUSE,

Rue de la Vrillière, près de la plac
des Victoires.

François Mansard bâtit pour le duc de
la Vrillière cet hôtel, qui a appartenu
ensuite au comte de Toulouse, et, avant
la révolution, au duc de Penthièvre.
Dans les premières années du régime
révolutionnaire, on y avait établi l'Imprimerie du Gouvernement.

C'est M. Delaunay, architecte, qui
a fait les dispositions nécessaires pour

placer convenablement dans cet hôtel
l'administration et les bureaux de la
Banque.

HOTEL DU TIMBRE,

Rue de la Paix.

Cet hôtel construit, ainsi que toute la
rue de la Paix, sur l'ancien terrain du
couvent des Capucines, ne présente d'autre ornement qu'une façade d'ordre dorique. Cette espèce de nudité contraste
singulièrement avec les autres maisons
et hôtels qui sont ou d'une élégante ou
d'une agréable construction. Il ne serait
peut-être pas très-inconvenant de dire
qu'il ressemble trop à une prison.

HOTELS GARNIS.

Ils sont nombreux, et, suivant les
quartiers, ce sont des bouges ou de véritables palais. Des premiers aux derniers,

il y a cependant une gradation qui, suivant l'état de sa fortune, permet à l'homme honnête de se loger décemment et même avec agrément.

La police exerce sur les hôtels garnis une surveillance qui contribue, avec la délicatesse des propriétaires, la fidélité presque générale des domestiques, à assurer la tranquillité de l'habitant paisible qui ne cherche dans ces établissemens que la commodité et un lieu de retraite, réclamé par ses affaires momentanées dans la Capitale.

Quelques-uns des principaux hôtels garnis sont :

L'hôtel de Courlande, place Louis XV;

L'hôtel Grange-Batellière, rue de ce nom ;

L'hôtel de l'Empire, rue d'Artois;

L'hôtel Mirabeau, rue du Helder;

L'hôtel du Prince de Galles, rue du

(123)

...bourg Saint-Honoré, vis-à-vis l'avenue qui conduit aux Champs-Elysées ;

L'hôtel de l'Infantado, rue royale ;

L'hôtel des Tuileries, rue Saint-Honoré,

Les hôtels des Colonies et de Portugal, rue de Richelieu ;

L'hôtel de Versailles, rue Batave ;
L'hôtel de Provence, rue de Provence.

L'hôtel Jacob, rue Jacob ;

L'hôtel d'Angleterre, rue des Filles-Saint-Thomas ;

L'hôtel du Commerce, rue de Chartres ;

L'hôtel Taranne, rue Taranne ;

L'hôtel des Treize-Cantons, rue de Richelieu ;

L'hôtel des Bains, aussi rue de Richelieu ;

L'hôtel Montorgueil, rue Montorgueil ;
etc., etc., etc.

JARDIN DU ROI, ou DES PLANTES,

MUSÉUM D'HISTOIRE NATURELLE,

MÉNAGERIE, etc.

JARDIN.

Établi en 1636, par les soins de *Gui de la Brosse*, médecin de Louis XIII, pour l'étude et la culture des plantes utiles en médecine, ce jardin, d'abord peu vaste, mais augmenté successivement, embrasse aujourd'hui un terrain considérable, limité, au *nord*, par le quai ci-devant d'Austerlitz; à l'*est*, par la rue de Buffon; au *sud*, par celle du Jardin des Plantes; à l'*ouest*, par la rue de Seine-Saint-Victor et les chantiers qui avoisinent le quai.

Il renferme un cabinet ou *Muséum d'Histoire naturelle*, une *Ecole de Botanique*, une *Ecole d'Agriculture pratique*; une ménagerie d'animaux féroces et d'animaux paisibles, un

magnifique *Cabinet d'Anatomie comparée*, de vastes *serres*, un *herbier* très-
étendu, une *orangerie*, un *laboratoire*
où se font toutes les préparations destinées à entrer dans les collections ; enfin
de belles *promenades publiques*.

C'est dans un bâtiment à deux étages,
d'une architecture simple, peut-être
trop simple pour le premier jardin de
l'Europe, que sont placés le cabinet
d'Histoire naturelle et une bibliothèque
riche et nombreuse. Le cabinet est ré-
parti dans les deux étages. La bibliothèque occupe une partie du premier. La
statue de *Buffon*, chef-d'œuvre de
Pajou, est l'objet qui frappe les regards
d'abord en y entrant. Le peintre, plutôt encore que l'historien de la nature,
est représenté nu et debout ; une large
draperie ou manteau voile la partie in-
férieure de son corps. Sur le piédestal
on lit cette inscription :

Majestati naturæ par ingenium.

11 *

A l'extérieur de l'édifice est une cour close par une grille en fer qui sert en même temps à fermer le jardin. En face du bâtiment et partant de ses deux ailes, deux allées larges et touffues conduisent au pont ci-devant d'Austerlitz. A l'aile droite est un petit bois ; à l'aile gauche, l'École de Botanique et les serres ; au milieu , un immense parterre renfermant les plantes destinées au remplacement ou renouvellement de l'École de Botanique. Dans un premier bassin on cultive les plantes aquatiques ; plus loin, au fond d'un terrain creusé circulairement, entouré de grilles, et dont quantité d'arbustes sauvages revêtent les talus, on a ménagé à diverses espèces d'oiseaux aquatiques et autres, une retraite appropriée à leur nature ; des canards de diverses espèces, des cygnes et des paons. Depuis ce bassin jusqu'à la Seine, et depuis le jardin de botanique jusqu'au même point , s'étendent des carrés consacrés à l'agriculture et à l'économie domestique ; arbres d'espèces diverses ; variétés d'arbres fruitiers; plans de toutes sortes de végétaux ; modèles de baies de chemin et de fossés, de taille des arbres, de plantations , greffage , marcottes , semis, vignes , etc. Le jardin de botanique , entouré d'une haute grille de fer , tenu avec un soin parfait , contient près de dix mille plantes distribuées suivant la méthode de Jussieu. Des étiquettes indiquent leurs noms. Au-dessus de ce jardin s'élèvent les serres qui renferment toutes les plantes exotiques que le climat de la France ne permet pas de cultiver en pleine terre. A leur extrémité , et près de l'amphithéâtre d'anatomie , on trouve le chemin qui conduit au *laby-rinthe* , où l'on arrive par des collines irrégulières et par des allées en spirale. Du pavillon qui couronne cette éminence, on découvre la Capitale dans presque toute son étendue. Cette vue est des plus magnifiques. Au bas de la coline, non loin d'un endroit charmant, qu'on nomme la *laiterie*, sur un cippe ombragé de sapins, est le buste du célèbre *Linnée*. De là, on aperçoit sur la gauche, l'amphithéâtre, édifice carré, ayant à droite et à gauche deux avant-corps demi-circulaires, et une porte décorée de deux colonnes d'ordre dorique, qui supporte un fronton représentant la *Nature*, entourée des *trois règnes*.

MUSÉUM D'HISTOIRE NATURELLE.

Il se compose de collections de minéralogie, de géologie, de fossiles, de poissons et reptiles, d'oiseaux, d'insectes, de mollusques, de polypes, de mammifères. Ces collections sont les plus belles et les plus complètes de l'Europe; la réunion en est surtout remarquable.

MÉNAGERIE.

ANIMAUX FÉROCES.

Dans un pavillon distribué en petites
ges, isolé et défendu par des grilles en
r et des barrières , sont relégués les
imaux féroces , tels que lions , tigres ,
opards , panthères , hyènes , ours ,
ups ; etc.

On voit aussi dans des fossés disposés
cet effet , de jeunes ours et de jeunes
angliers.

Des précautions et une surveillance
ontinuelle permettent de jouir sans
anger d'un spectacle qui n'est pas sans
intérêt pour les spectateurs , par la foule
'idées que font naître la force , la féro-
ité et la ruse domptées par le génie , le
ourage et l'adresse de l'homme, maître
e tout ce qui respire...., excepté de
ui-même.

ANIMAUX PAISIBLES.

On a établi dans un vaste emplace-

ment, pour les animaux paisibles, d
baraques et des cabanes d'un goût fo
agréable. Ce lieu a reçu le nom
Vallée suisse, qui lui convient parfa
tement. Là, en plein air, seulement s
parés par des grillages en bois, circule
librement les animaux classés selon l
différentes espèces et selon les mœurs
les habitudes qui leur sont particulière

Près de cette vallée est l'habitation
l'éléphant et celle d'une très-précieu
variété de singes et de perroquets.

JARDINS PUBLICS.

Sous ce titre, on indique non-seule
ment les jardins dépendans des palai
royaux et autres édifices publics, don
il n'est pas besoin de dire que l'entré
est gratuite, mais encore les jardins par
ticuliers où l'on est admis sans rétribu-
tion, ou en payant un droit d'entrée.

Dans la première classe sont :

Le jardin des Tuileries,

Le jardin du Luxembourg,

Le jardin du Roi ou des Plantes,

Le jardin du Palais-Royal,

Le jardin de Mousseaux.

Le dernier jardin (disposé dans le
are anglais par *Carmontel*, en 1778,
ur S. A. S. le duc d'Orléans), n'est
nt public.

Les jardins publics de l'autre classe
t :

Tivoli, ci-devant jardin Boutin, rue
nt-Lazare ;

Le *Wauxhall d'été*, boulevart Saint-
rtin ;

La Chaumière, boulevart du Mont-
rnasse.

Dans ces trois jardins, où l'on donne
 fêtes, où l'on danse pendant la belle
son, on paie un droit d'entrée.

Il y a encore quelques autres jardins
blics ; mais ils sont très-peu fréquen-
, et ne méritent pas d'être cités.

IMPRIMERIE ROYALE,

Hôtel Soubise, vieille rue du Temp...

L'imprimerie royale doit son établi...
sement à François Ier. C'est la premiè...
de l'Europe par la beauté des caractèr...
le nombre, la rareté et la perfection ...
poinçons (parmi lesquels on remarq...
des poinçons grecs, hébreux, arabe...
chinois, persans, etc., etc.); le soin...
l'exactitude dans la composition, la co...
rection et le tirage des ouvrages ; en...
l'importance de quelques - uns de ...
mêmes ouvrages, que nulle imprime...
particulière n'aurait pu exécuter, ...
qui sont de véritables et précieux m...
numens,

> De cet art ingénieux,
> De peindre la parole et de parler aux yeux...

Cet établissement est exclusiveme...
destiné aux impressions du Gouvern...
nement et aux ouvrages publics dont ...
fait les frais.

IMPRIMERIES PRINCIPALES.

Les amateurs de l'art de la Typographie se plaisent à reconnaître que parmi les imprimeries de la Capitale, il s'en trouve quelques-unes qui méritent une mention très-honorable ; mais il en est plusieurs dont on ne saurait faire un trop grand éloge : on a déjà pressenti qu'il est question des presses de M. Didot aîné , de l'imprimerie stéréotype de M. Firmin Didot, et de l'imprimerie stéréotype de M. Héran.

Ces habiles typographes , MM. Didot surtout, ont porté leur art à un degré de perfection qu'on ne croyait pas pouvoir atteindre ; ils en recueillent déjà le fruit ; *leurs éditions sont recherchées* par les amateurs avec un soin tout particulier, avant-coureur de la très-haute estime qu'elles obtiendront un jour.

INSTITUT ROYAL.

Une ordonnance du Roi, du 21 mars 1816, a substitué aux quatre classes de l'Institut, quatre Académies qui prennent rang selon l'ordre de leur fondation: l'académie française ; l'académie royale des inscriptions et belles lettres ; l'académie royale des sciences ; l'académie royale des beaux arts.

Ces académies sont sous la protection immédiate du Roi.

Chaque académie a son régime indépendant.

INSTITUTION ROYALE
DES JEUNES AVEUGLES,

Rue de Charenton, faubourg Saint-Antoine.

INSTITUTION DES SOURDS ET MUETS,

Faubourg Saint-Jacques.

MANUFACTURES.

MANUFACTURE ROYALE DE PORCELAINES DE SÈVRES,

Établie à Vincennes en 1745, cette manufacture devint une propriété du Gouvernement, qui la fit transporter à Sèvres en 1759. Elle était, avant la révolution, dans un état de splendeur qui la mettait au-dessus de tous les établissemens de ce genre. La révolution n'en ralentit pas les travaux. En 1802, elle reçut une organisation nouvelle. M. Brongniart, chimiste distingué, dont les expériences ont beaucoup ajouté à la solidité et à la beauté des matières, en fut nommé directeur. Il s'entoura d'artistes habiles. MM. Lagrenée, peintre, Brongniart père et Percier, architectes, fournirent de nouveaux dessins de forme et d'ornemens. MM. Isabey, Drolling, Swebach Desfontaines, Georget, Me Jaquotot, MM. Parant, Degault, Feguay, Béranger et Dufay, exécutèrent avec un rare talent des compositions qui ajoutent tant de prix à ces belles porcelaines.

La supériorité que la manufacture s'est acquise dès son établissement, n'a pas cessé de croître de jour en jour, surtout depuis quelques années. C'est à l'ensemble des plus précieuses qualités, à la beauté et à la pureté des formes, à la distribution et à l'économie bien entendue des ornemens, à la finesse de la pâte, à l'éclat des couleurs, au soin de la cuisson, qu'elle doit sa célébrité dans toute l'Europe, et son importance dans le commerce.

Il est d'usage qu'à l'époque du 1er. de l'an, la manufacture fasse une exposition de ses pièces de choix. Anciennement elle avait lieu à Versailles dans les appartemens du Roi, et le public y était admis. Lorsque le Roi et les Princes avaient choisi les pièces qu'ils voulaient

donner en étrennes, les particuliers faisaient leurs acquisitions. Les prix étaient
marqués sur les pièces, comme ils le
sont encore aujourd'hui. L'exposition
de 1816 a eu lieu au Louvre.

MANUFACTURE DES GOBELINS,

*Rue Mouffetard, faubourg Saint-
Marceau.*

Cette manufacture, établie par Gilles
Gobelin de Rheims, en 1450, pour re-
produire sur la tapisserie les chefs-d'œuvres de la peinture, fut honorée de la
protection de François Ier. Les princes
ses successeurs lui accordèrent le même
intérêt et le même appui. Louis XIV en
confia la direction à Lebrun, son premier peintre, qui y fit exécuter ses plus
beaux tableaux.

La manufacture des Gobelins est la
première de l'Europe. La finesse et la
solidité de ses tissus, la beauté et la vi-
vacité de ses couleurs, l'habileté des ar-

tistes et l'intelligence des ouvriers qui y sont attachés, l'ont rendue célèbre. Les étrangers en reconnaissent le mérite, et se plaisent à la visiter avec un intérêt que les nationaux eux-mêmes ne sembleraient y prendre, si on ne savait pas que les Français sont à-peu-près dans les arts ce que sont les grands seigneurs dans le monde : ils jouissent, sans presque s'en apercevoir, d'une fortune immense.

MANUFACTURE DE LA SAVONNERIE,

Quai de Billy,

Établie en 1604 par *Dupont* et *Bourdet*. On y fabrique des tapis façon de Perse. Les produits de cette manufacture sont recherchés à cause de la beauté, de la finesse et de la variété des ouvrages.

MANUFACTURE DES GLACES,

Faubourg Saint-Antoine,

Établie sous Louis XIV, et la pre-

(139)

r mière de France. On y polit et on y met

; au tain les glaces coulées qui viennent

; de Saint-Gobin et de Cherbourg.

MANUFACTURE DE PORCELAINE
DE MM. DILII ET GUEYTARD,

Rue du Temple.

MANUFACTURE DE POTERIE,

Rue de la Pépinière.

MANUFACTURE DE CRISTAUX,

Rue Montorgueil.

MANUFACTURE DE TAPIS VELOUTÉS,

Rue des Vieilles-Audriettes.

MANUFACTURE DE PLOMB LAMINÉ,

Rue de Béthyzi

MANUFACTURE DE TAFFETAS GOMÉS,

Boulevart Saint-Martin.

MANUFACTURE DE CÉRUSE SUR-FINE, BLANC D'ARGENT, ETC.,

Rue Montmartre.

MANUFACTURE DE CUIVRE,

Dans la Cité

MARCHÉS.

MARCHÉ SAINT-MARTIN,

Entre la rue de ce nom et celle du Temple.

Il est aussi beau que vaste et com-mode ; il remplace celui qui se tenait dans la cour Saint-Martin ; il est couvert.

MARCHÉ DES INNOCENS,

Il entoure la fontaine qui lui donne

son nom ; il est couvert : on y vend exclusivement des fruits et des légumes.

MARCHÉ AU PAIN,

Rue de la Tonnellerie, près du précédent et de la halle aux draps et aux toiles.

MARCHÉ DES HERBORISTES,

Entre le marché des Innocens et le marché au pain.

MARCHÉ-NEUF,

Près de la Seine et du pont St.-Michel.

Approvisionnemens divers.

MACHÉ AUX FLEURS,

Consacré à la vente des fleurs, graines, arbres et arbustes.

Ce marché tient les *mercredi* et *samedi* de chaque semaine ; il est planté

d'arbres qui forment un abri très agréable
et une très jolie promenade.

MARCHÉ SAINT-GERMAIN,

Construit sur l'ancien emplacement
de la *Foire* de ce nom, et sur celui d'un
marché, véritable cloaque. Le nouveau
marché, qui n'est point encore achevé,
laisse déjà apercevoir qu'il sera aussi
agréable à la vue, que commode et utile
pour le faubourg Saint-Germain, dont
il est l'unique ressource. Il sera couvert.

MARCHÉ DE LA PLACE MAUBERT,

A côté de cette place,

Il abonde en toutes sortes de provisions.

MARCHÉ AUX CHEVAUX,

Près du boulevart de l'Hôpital.

Son nom indique le commerce qui s'y
fait : c'est une espèce d'avenue plantée
d'arbres des deux côtés. Il tient les *mercredis* et *samedis.*

MARCHÉ AUX PORCS,

Boulevart de l'Hôpital.

MARCHÉ SAINT-JEAN,

Près la rue Saint-Antoine.

Provisions diverses.

MARCHÉ DU TEMPLE,

Consacré à la vente du vieux linge ; il est situé sur l'emplacement dit l'*Enclos du Temple*. C'est l'un des plus beaux marchés de la Capitale. Il est couvert.

MARCHÉ SAINT-JOSEPH,

Près la rue Montmartre.

On y vend spécialement du poisson. Ce marché a été construit dans l'ancien bâtiment dont il porte le nom.

MARCHÉ DES JACOBINS,

Entre les rues Saint-Honoré et Neuve-des-Petits-Champs.

Très beau et couvert. Vente de provisions de bouche.

MARCHÉ A LA VOLAILLE,

Quai des Augustins ou de la Vallée,

Situé sur l'emplacement du ci-devant couvent des Augustins. Ce marché est remarquable par sa belle distribution et sa façade.

MARCHÉ AU FOIN,

Quai de la Tournelle.

MARCHÉS A LA PAILLE,

Faubourgs Saint-Martin, Saint-Antoine et Saint-Jacques.

MESSAGERIES ,

Rue Notre-Dame-des-Victoires.

Cet établissement, spécialement chargé
des transports du Gouvernement et des
administrations publiques, offre au commerce et aux particuliers, une centra-
lité de services des messageries sur tous
les points du Royaume. Il a des corres-
pondances avec de semblables établissemens, dans le Piémont, l'Italie, l'Al-
lemagne, la Suisse, l'Espagne, etc.

Un bureau a été établi pour le recou-
vrement des effets de commerce de la
Capitale sur les départemens, et réci-
proquement sur Paris.

L'administration traite de gré à gré
avec les maisons de commerce, pour le
transport de fonds et des marchandises,
en raison de l'importance des expédi-
tions.

MONNAIE DES MÉDAILLES,

Rue Guénégaud, n°. 8.

C'est depuis l'avénement de François Ier. au trône, que l'on a recueilli avec soin, et formé en collection les carrés et poinçons des médailles et jetons, frappés en France, pour perpétuer le souvenir des événemens mémorables du royaume. Des épreuves de ces différentes monnaies sont déposées à la bibliothèque du Roi.

On peut se procurer près de cet établissement, qui les vend à son profit, des épreuves des médailles de la collection générale.

MUSÉE ROYAL DU LOUVRE.

Lorsque la tourmente révolutionnaire eût cessé, le Gouvernement résolut de réunir dans un lieu commun, sous la dénomination de *Musée central des Beaux-Arts*, la plupart des tableaux qui avaient été enlevés des palais et des principales églises, tant de Paris que du reste de la France.

Le *Musée* fut divisé en deux parties. La première, sous le nom de *Galerie des Antiques*, reçut successivement, et conserva, jusqu'en 1815, une collection unique de chefs-d'œuvres, parmi lesquels on remarquait particulièrement le *Torse*, la fameuse statue de *Diane*, la plus belle des statues d'*Antinoüs*, le *Bacchus Indien*, le *Gladiateur combattant*, le *Gladiateur blessé à mort*, la célèbre *Vénus de Médicis*, l'admirable groupe du *Laocoon*, le sublime *Apollon du Belvéder*.

La seconde partie du Musée, sous le titre de *Galerie de Peinture*, renfermait, outre une belle collection de dessins originaux des grands maîtres des trois écoles, les productions les plus capitales de ces mêmes maîtres, entre autres, le *Martyr de Saint-Étienne*, de *Jules Romain*, tableau non moins admirable que celui de *Raphaël* ; la *Transfiguration*, que nous possédions également ; le *Saint-Jérôme* du *Dominiquin* ; la *Descente de Croix* de *Rubens* ; la *Sainte-Pétronille* du *Guerchin* ; les *Noces de Cana*, chefs-d'œuvres de *Paul Véronèse* ; le *David*, *vainqueur de Goliath*, sur ardoise, représenté de deux manières par *Daniel de Volterre*, élève de *Michel Ange* ; les *trois Parques* de ce dernier maître ; la *Joconde* de *Léonard de Vinci* ; la *Léda*, l'*Antiope*, la *Vierge*, l'*Enfant-Jésus*, la *Madeleine et Saint-Jérôme*, ou le *Saint-Jérôme* du *Corrège*, etc., etc.

Dans une troisième partie, la *Calcographie*, on avait réuni les estampes provenant du cabinet du Roi, de l'Académie royale de Peinture, du dépôt des Menus-Plaisirs, et de la Maison de Ville

de Paris ; collection précieuse qui fut
augmentée de nombreuses acquisitions
et des planches de nos plus célèbres gra-
weurs.

Des salles vastes et décorées avec autant de goût que de magnificence, une
distribution intérieure, parfaite, ajou-
taient à la vive et profonde émotion que
faisait éprouver l'aspect inattendu de
tant de chefs-d'œuvres....

Ils n'existent plus pour nous !

MUSÉE ROYAL DES MONUMENS FRANCAIS,

*Rue des Petits-Augustins, faubourg
Saint-Germain.*

Il n'existe plus. Les monumens qui le
décoraient ont été rendus aux églises
d'où ils avaient été tirés.

MUSÉE ROYAL DES MINES,

Hôtel de la Monnaie.

13 *

MUSÉE D'ARTILLERIE, OU DÉPOT CENTRAL DE L'ARTILLERIE,

Rue de l'Université.

OBSERVATOIRE,

Rue du faubourg Saint-Jacques et rue d'Enfer.

La pensée de Louis-le-Grand se re-
trouve dans la plupart des magnifiques
et importans édifices de la Capitale. Du
nombre de ces derniers est l'Observatoire, construit par Claude Perrault,
en 1667, et remarquable non-seulement
par le caractère sévère et simple, et en
même-temps noble de son architecture,
mais encore par sa construction intérieure, où l'on n'a employé ni le fer ni
le bois. On se plaît à parcourir avec une
curiosité toujours nouvelle, les salles,
les caves, les combles, les galeries,

enfin toutes les dispositions locales pour l'étude et les différens points d'observation.

PALAIS ROYAUX ET AUTRES.

PALAIS DES TUILERIES.

Catherine de Médicis fit construire en 1564, par *Philibert Delorme* et *Jean Bullant*, sur l'emplacement d'une ancienne fabrique de tuiles, le pavillon, les deux aîles et les bâtimens attenants aux pavillons de *Flore* et de *Marsan*, qui ne furent construits que sous les règnes d'Henri IV et de Louis XIII, par *Androuet Ducerceau*.

Ce Palais, qui sera bientôt réuni au Louvre par la nouvelle galerie maintenant en construction, et déjà assez avancée, pourrait être le digne séjour du plus puissant monarque du monde.

On y admire particulièrement le caractère noble et sévère de l'architecture,

l'élégance dans la distribution intérieure
et extérieure, la situation magnifique ;
enfin tous les riches et brillans accessoires qui concourent à faire de ce magnifique édifice, l'objet d'une constante
et judicieuse admiration.

JARDIN.

Ce Jardin sous Médicis, Henri IV et
Louis XIII, n'était qu'un simple verger,
ne tenant pas même immédiatement au
Palais. Il fut dessiné par *Lenôtre*, qui,
pour plaire à Louis-le-Grand, y déve-
loppa toutes les ressources de son génie.
C'est le premier jardin de Paris, par sa
noblesse, sa magnificence, et ses superbes alentours.

STATUES DU JARDIN.

Ces statues, répandues en grand nombre, produisent un très-bel effet; elles

sont en marbre ou en bronze ; quelques-unes des premières sont originales ; les autres sont copiées ou modelées d'après l'antique.

On ne parlera ici que des statues originales : celles d'après l'antique sont généralement connues ; elles l'ont d'ailleurs été plus particulièrement par les originaux exposés pendant dix ans au Musée du Louvre. Les statues originales, œuvres de sculpteurs français du siècle de Louis XIV, méritent de fixer l'attention, quoiqu'elles soient bien éloignées d'avoir cette beauté idéale, ce grandiose qui distinguent l'antique. L'école de nos jours, plus éclairée et plus heureuse, recherche avec grand soin ce mérite, le premier de tous, celui qui parle à l'âme, celui qui donne et conserve la vie.

TERRASSE DU PALAIS. Le *Flûteur* ou un jeune Faune assis et jouant de la flûte ; une *Hamadryade* ou Nymphe

écoutant la flûteur ; *Flore et Zéphyre.*
Ces trois statues sont de *Coysevox.* Le
Chasseur, Vénus et l'Amour ; Vénus
tenant une Colombe. Ces trois sujets
sont de *Nicolas Coustou.*

POURTOUR DU GRAND BASSIN. *L'Enlè-*
vement de Cybéle par Saturne, groupe
de *Thomas Renaudin ;* l'*Enlèvement*
d'Orythie par Borée, ouvrage de *Gas-*
pard Marsy , terminé par Anselme
Flamen ; la mort de *Lucrèce* par *Théo-*
don ; groupe d'*Enée* par *Lepautre.*

QUINCONCE OU GAZON PRÈS DE L'ALLÉE
DES ORANGERS. *Hippomènes* par Guillaume *Coustou ; Atalante* par *Le-*
pautre.

QUINCONCE PRÈS DE LA TERRASSE DE
L'EAU. *Apollon* et *Daphné.* La première
de ces figures est de *Nicolas ,* et la seconde de *Guillaume Coustou.*

POURTOUR DU BASSIN OCTOGONE. *Anni-*
bal par *Slodtz ; Scipion* ou *Jules-César*
par *Guillaume Coustou ;* groupe de la

Seine *et de la Marne* par *Nicolas Coustou ; la Loire et le Loiret* par *Van-Clève.* (1)

GRANDE ENTRÉE DU JARDIN. *Mercure et la Renommée* publiant les triomphes de Louis XIV. Ces deux groupes, par *Coysevox*, sont d'une exécution très-agréable, malgré quelques défauts de goût et de costume dans les figures de Mercure et de la Renommée. Les chevaux ne méritent que des éloges.

ENTRÉE DES CHAMPS-ÉLYSÉES. *Deux chevaux domptés ou tenus en bride par des esclaves ;* dernier ouvrage de *Guillaume Coustou* et son chef-d'œuvre. Il est douteux que l'antiquité ait jamais rien produit de plus beau. (1)

____

(1) *Corneille Van-Clève*, flamand d'origine, né à Paris, en 1645, élève de François Anguier, mort en 1732.

(2) Ne serait-il pas à désirer que le Gouvernement fît déposer dans un *Musée*, un

PALAIS DU LOUVRE.

Ce premier des édifices de Paris es
fort ancien ; il existait déjà du temp
de Philippe - Auguste. Successivemer
maison de chasse, château fort, priso
d'Etat, bibliothèque de Charles V, pa
lais des Rois, le Louvre ne mérita l
célébrité dont il jouit, qu'à partir d
règne de François Ier. Ce Prince fit exé
cuter par *Pierre Lescot* la partie d
vieux Louvre qui s'étend depuis le pa
villon donnant sur le quai jusqu'au pa
villon de l'horloge. Sous Louis XIII
Louis Lemercier éleva ce pavillon ains
que l'autre partie de l'aile. Louis XIV
acheva le Louvre et le réunit aux Tui
ler es ; il adopta de préférence aux plan

monument qui ne peut que se détériorer pa
l'intempérie des saisons, et qui peut - êtr
jouira un jour de la plus grande célébrité.

du célèbre cavalier Bernin, ceux de Perrault, médecin et non architecte, et à qui l'on doit l'admirable *colonnade*.

Les bâtimens intérieurs de cette partie du Louvre, achevés peu d'années avant le retour de S. M. Louis XVIII, offrent un coup-d'œil parfait. Parmi les sculptures, les bas-reliefs, les frises, etc., on remarque huit grandes Cariatides exécutées par *Sarrasin*, et surtout deux Génies et les figures de Mercure et de l'Abondance, par *Jean Goujon*.

PALAIS DU LUXEMBOURG.

PALAIS.

Marie de Médicis fit construire ce palais par *Jacques Desbrosses*, son architecte, sur le plan du palais Piti de Florence, où cette princesse avait passé une partie de sa jeunesse. Ce palais fut donné par Louis XIV à *Monsieur*. Pendant les premières années de la révolu-

tion, il servit de prison. Le Directoir
et le Sénat y tinrent leurs séances. I
est maintenant réservé aux séances de l
Chambre des Pairs.

L'architecture de ce palais, quoiqu
du genre noble et sévère qui convien
aux principaux édifices, est un de ceu
où la variété s'accorde merveilleusemen
avec l'unité. La cour, dans une étendu
médiocre, ne laisse pas d'être très-im
posante par l'air de grandiose répand
sur tout ce qui l'entoure. De grand
changemens dans la décoration inté
rieure et dans l'intérieur des apparte
mens, ont été faits; ils sont tous heureux
et on ne pouvait pas moins attendr
de l'excellent goût de M. l'architec
Chalgrin.

GALERIE DES TABLEAUX.

L'ancienne galerie si célèbre où, su
trois grands maîtres, deux étaient Fran

çais, et que les amateurs se plaisaient à
visiter , même après avoir admiré le
Musée du Louvre à l'époque de toute sa
splendeur, a cessé d'exister ; mais les
chefs-d'œuvres des *Rubens*, de *Lesueur*,
de *Vernet* , reportés au Louvre , ne
remplaceront pas , sans doute , mais du
moins succéderont honorablement à l'in-
comparable école d'Italie , et aux mor-
ceaux fameux des autres écoles.

L'idée de réunir au Musée du Louvre
cette excellente collection commandée
ici par la force des circonstances, n'est
pas nouvelle ; Louis XVI l'avait eue
long-temps avant la révolution ; et , dès
1776 , les vingt-cinq tableaux de la *Vie
de Saint Bruno*, par *Lesueur*, avaient
été retirés du cloître des Chartreux qui
devaient être dédommagés de cette perte
par la reconstruction de leur église. Les
approches de la révolution ne l'ont pas
permis.

Cette même révolution , et les con-

quêtes des armées françaises avaient éloigné indéfiniment le projet de réunion
opéré en 1817 et qui ajoute aux richesses
que le Musée du Louvre possède encore,
outre les vingt-cinq tableaux de *Lesueur*, les vingt – quatre tableaux de
l'*Histoire de Médicis* par *Rubens*, et
les *quinze Marines*, ou *vues pittores-
ques* par *Vernet*.

La nouvelle galerie très – brillante
réunit les plus belles productions des
peintres français vivans.

JARDIN.

Il a été entièrement refait. L'emplacement occupé par le jardin des Chartreux, a été transformé en pépinière.
Une belle avenue, qui n'existait pas
avant la révolution, et qui se prolonge
jusqu'aux boulevarts, est, ainsi que la
pépinière, renfermée dans le jardin. Une
superbe grille ferme cette allée, et ne
masque en rien la belle façade de l'Ob-

(161)

servatoire, qui, de loin, semble tenir
immédiatement au jardin.

Les derniers changemens rendent ce
jardin, sinon le plus magnifique, du
moins le plus agréable des jardins royaux
de Paris.

STATUES.

Elles sont en marbre, placées avec
goût, et en très-grand nombre. Ce sont
des copies plus ou moins belles, plus ou
moins bien restaurées d'après l'antique.
Une seule, représentant *Vulcain*, est
originale. On la doit au ciseau de *Bri-*
dan le père. Elle porte la date de 1777.

FONTAINE.

Construite sur les dessins de *Jacques*
Desbrosses, et réparée par les soins de
M. *Chalgrin*, cette fontaine est ornée
d'un Fleuve et d'une Naïade épanchant
leurs eaux au-dessus d'une Grotte où le
ciseau de l'artiste a su imiter les divers

14 *

accidens d'un rocher arrosé par une source. Ces deux figures sont de MM. *Duret* et *Ramey*.

PÉPINIÈRE.

Cet établissement est tenu de manière à mériter, sous tous les rapports, non-seulement l'attention studieuse des amateurs nationaux et étrangers, mais encore les regards des simples curieux.

PALAIS-ROYAL.

Bâti par *Louis Lemercier* pour le cardinal de Richelieu, sur l'emplacement des anciens hôtels de Rambouillet et de Brion, ce palais, donné à Louis XIV par testament de ce ministre, prit dès-lors le titre de *Palais-Royal*, qu'il a conservé nonobstant la cession que le Roi en fit en 1692 à la branche d'Orléans.

Si le Louvre est célèbre comme *Pa-lais des Rois*, le *Palais-Royal* l'est plus encore par les agréables ou tristes souvenirs qu'il laisse dans l'esprit des nombreux étrangers qui l'ont fréquenté.

PALAIS DE JUSTICE.

Saint Louis l'habita. C'est ce Roi qui fit construire la Sainte-Chapelle, la chambre qui porte son nom et la Grande Chambre. Sous Charles VII le Parlement occupa exclusivement ce Palais. Aujour-d'hui il est encore entièrement consacré aux Tribunaux.

Des incendies le détruisirent en grande partie, en 1618 et en 1776.

On admire la grille qui ferme la cour principale, et qui est d'une grande ri-chesse de composition et de travail.

PALAIS DU TRIBUNAL DE COMMERCE ET DE LA BOURSE,

Rue des Filles-Saint-Thomas, pr̀è de la rue Vivienne, du Palais-Royal, de la Chaussée-d'Antin c'est-à-dire au centre des affaires.

Cet édifice que l'on élève sur les des sins de feu M. *Brongniart,* architecte répondra parfaitement à sa double des tination. Il est composé de deux étages et environné de soixante-six colonne d'ordre corinthien, qui formeront l plus magnifique péristyle dont l'archi tecture française puisse se glorifier. A rez-de-chaussée sont les salles de l bourse ; l'étage supérieur est destiné au séances du Tribunal de Commerce.

PALAIS BOURBON,

Construit en 1722. Pendant la révo lution, le conseil des Cinq-Cents et l

Corps-Législatif y tinrent leurs séances.
Il est occupé maintenant par M. le Duc
de Bourbon, et par la Chambres des
Députés.

L'entrée principale est un arc de
triomphe d'ordre corinthien accompagné de colonnes isolées. Elle offre une
des plus belles façades de Paris.

L'entrée qui donne vis-à-vis la place
Louis XV, n'est pas moins magnifique;
c'est un péristyle d'ordre corinthien,
formé de douze colonnes isolées, surmontées par un fronton triangulaire.
Cette majestueuse façade a été élevée
sur les dessins de M. *Poyet*.

On remarque au bas les statues en
pierre de Sully, Colbert, l'Hôpital et
Daguesseau; celles, également en pierre,
de Minerve et de la Justice.

PALAIS DE L'ÉLYSÉE BOURBON,

Construit en 1718, pour M. le comte
d'Evreux, il a appartenu successivement

à madame de Pompadour, à M. Beaujon, et enfin à madame la duchesse de Bourbon.

Il est occupé maintenant par S. A. R. M. le duc de Berry.

Les nombreux embellissemens qui ont été faits dans ce palais, à diverses époques, et notamment dans les dernières années de la révolution, l'ont rendu digne de son nom : c'est un lieu vraiment enchanté.

PALAIS DE L'INSTITUT,

PRÉCÉDEMMENT DES BEAUX ARTS, ET DANS L'ORIGINE, COLLÉGE DES QUATRE-NATIONS.

Le cardinal Mazarin ordonna par testament de construire aux frais de sa succession un édifice qui devait servir de collége à soixante gentilshommes de quatre nations, qu'il désignait dans ce testament.

La volonté du Cardinal fut remplie, au moins relativement à l'édifice que

François Dorbay commença en 1662, sur les dessins de *Louis Leveau*.

Pendant la révolution, à l'époque où les académies furent éloignées du Louvre, on leur assigna pour siége le collége Mazarin, qui prit dès-lors le titre de Palais des Beaux-Arts. Le rétablissement de ces académies, sous le titre d'Institut National de France, fit substituer à ce nom celui de Palais de l'Institut, qu'il a conservé jusqu'à présent.

PALAIS DE LA LÉGION D'HONNEUR,

CI-DEVANT HÔTEL DE SALM,

Rue de Bourbon, précédemment de Lille.

M. *Rousseau*, architecte, bâtit en 1786, pour le Prince de Salm, l'édifice élégant auquel l'établissement de la Chancellerie de la Légion-d'Honneur fit donner le nom de Palais, nom beaucoup plus convenable au mérite de l'édifice, que celui d'hôtel.

La porte d'entrée est un véritable arc de triomphe, décoré de colonnes d'ordre ionique, un péristyle de même ordre, surmonté d'un attique orné de bas-reliefs de *Roland*, conduit à deux pavillons placés en avant-corps. Un péristyle également d'ordre ionique, règne tout le long de la cour, et aboutit au corps principal du bâtiment décoré de colonnes corinthiennes.

Les appartemens sont distribués avec goût; plusieurs reçoivent le jour d'en haut; d'autres ont des ornemens de sculpture; la salle à manger toute en stuc, est décorée de colonnes ioniques.

Le derrière de l'édifice ayant vue sur la rivière, quoique d'une composition moins belle, produit cependant un effet très-agréable.

PALAIS ARCHIÉPISCOPAL,

CI-DEVANT ARCHEVÊCHÉ.

Il n'est intéressant sous le rapport de l'architecture, que par l'escalier d'hon-

neur construit en 1772 , par *Desmai-
sons* , et que par quelques accessoires
qu'il doit à ces derniers temps : tels que
les deux pavillons et la grille d'entrée ,
le nouveau corps de bâtiment à l'est , et
la grille qui entoure les cours et le jardin. Cette disposition permet de jouir
du beau quai de Catinat , et de la vue
de la Seine , qui se partage pour passer
sous le pont de l'Hôtel-Dieu , et sous
celui de la Cité.

PALAIS DU TEMPLE ,

Elevé vers le milieu du 12e. siècle par
les Templiers. Après la destruction de
cet ordre , le Palais du temple devint la
propriété des chevaliers de Malte. Fameux au 18e. siècle , par les soupers du
grand Prieur de Vendôme , où brillaient
les Chaulieu , les Voltaire , les Fonte-
nelle , les Saint-Aulaire , il acquit une
célébrité plus grande et à jamais dou-
loureuse , par les illustres Prisonniers

qu'il renferma dans son enceinte , et qu
attachent à son nom des souvenirs qu
vivront encore , alors que depuis des siè
cles il n'existera plus le moindre vestig
de cet édifice.

Des dépenses considérables ont ét
faites pour le restaurer dans l'intérieu
et à l'extérieur. La façade est décoré
de colonnes isolées d'ordre ionique.

PALAIS DES THERMES.

Il ne reste plus de ce Palais , ouvrag
des Romains, qu'une salle servant mair
tenant de magasin à un tonnelier , ru
de la Harpe, n°. 63 ; elle a cinquante
huit pieds de longueur, cinquante-si
de largeur et quarante de hauteur.

La lumière est introduite dans l'inté
rieur par une fenêtre en forme d'arcade
placée au-dessus d'une niche circulaire
qui , elle-même , est au-dessus de l
porte. La voûte de cette salle , qui sup
porte , sans paraître en éprouver d'alté

rration , un jardin où des arbustes viennent en pleine terre , est composée d'un
blocage de moëlons et de briques liés
par un mortier formé de chaux et de sable de Paris.

PANORAMAS ,

Tout le monde a vu les beaux Panoramas de Boulogne, de Rome , de Na-
ples , d'Amsterdam , de Tilsitt , de
Calais et de Jérusalem.

PASSAGES ET GALERIES.

Les principaux sont ceux des Panoramas de la rue Montesquieu , de la rue
Saint-Honoré ou galerie Delorme, de
Molière, rue Saint-Martin, du Caire,
rue Saint-Denis, du Saumon, rue Montmartre , etc.

PLACES PUBLIQUES.

PLACE LOUIS XV.

Elle était ornée avant la révolution de la statue équestre de Louis XV, exécutée sur les dessins de Bouchardon et accompagnée aux angles du Piédestal de quatre Vertus d'après Pigalle.

PLACE DU CARROUSEL.

Lorsque la nouvelle Galerie du Louvre sera achevée ; que les logemens et les écuries provisoires n'empêcheront plus la libre circulation de l'air et la vue du quai du Louvre à la rue de Rivoli ; que l'arc de triomphe aura disparu ; que toutes les maisons de la place seront détruites, la place du Carrousel méritera d'être universellement admirée.

PLACE VENDOME.

Construite sur les dessins de J.-H.

Mansard, par ordre du ministre *Louvois*, cette place est entourée de bâtimens qui présentent une ordonnance de
pilastres corinthiens et des avant-corps
décorés de colonnes du même ordre,
supportant des frontons. Sa forme est
un parallélogramme dont les angles sont
coupés à pans.

Sur l'emplacement où était la statue
équestre de Louis XIV, détruite au commencement de la révolution, est élevée
la belle et fameuse colonne en bronze
que l'on y admire maintenant, et qui a
été exécutée sur le modèle de la colonne
Trajane. Elle a 136 pieds de hauteur
sur 12 de diamètre. On a pratiqué dans
l'intérieur un escalier à vis qui conduit
jusqu'à son chapiteau.

PLACE DES VICTOIRES.

Le maréchal de la Feuillade fit construire à ses frais, et sur les dessins de

J.-H. *Mansard*, la place des Victoires, sur laquelle on admira, jusqu'au commencement de la révolution, la belle statue de Louis XIV.

Peu d'années avant le retour de S. M., on éleva, et bientôt on retira la statue du général *Desaix*, exécutée infidèlement sur le modèle de M. *Dejoux*, sculpteur estimé.

On a lieu de croire que le premier monument qui a été détruit pendant la révolution, sera recomposé et replacé : on y adaptera sans doute les quatre statues enchaînées qui faisaient partie de l'ancien, et qu'on transporta alors aux Invalides.

PLACE DU PALAIS DE JUSTICE.

Sa forme est celle d'un fer à cheval. Elle offre un ensemble d'édifices réguliers. Cette place, sur laquelle on expose à la honte les malfaiteurs, recevrait

un embellissement bien important, si on
prolongeait la rue qui fait face à la
grille, ce qui serait facile et occasion-
nerait peu de dépense.

PLACE DE L'HOTEL-DE-VILLE
OU DE LA GRÈVE,

Remarquable par l'édifice de *l'Hôtel-
de-Ville.*

PLACE DE L'ÉGLISE Ste. GENEVIÈVE,
CI-DEVANT DU PANTHÉON.

Place à construire par un artiste fait
pour ressentir l'influence du génie qui
enflamma l'immortel *Soufflot.*

PLACE CAMBRAY.

Remarquable seulement par l'édifice
du collége de France, construit par
Chalgrin en 1775.

PLACE DE LA BASTILLE.

Comme celle du Panthéon, cette place est à construire. Si elle n'a point un monument qui puisse enflammer le génie de l'architecte, elle aura du moins, on l'espère toujours, une fontaine monumentale ; elle possède déjà ce qui seul suffirait pour faire naître les plus heureuses idées, un vaste emplacement et une magnifique situation.

PLACE ROYALE.

Commencée sous Henri IV et par ses ordres, elle est carrée et entourée de bâtimens où l'on a pratiqué une galerie couverte. Au milieu est un parterre fermé de grilles en fer, dans le centre duquel était la statue de Louis XIII que l'on y va rétablir.

PLACE DAUPHINE OU THIONVILLE.

Bâtie sous le règne d'Henri-le-Grand, à la pointe de l'île de la Cité ; elle est ornée de la fontaine *Desaix*.

PLACE BAUDOYER,

Près la rue Saint-Antoine,

Située sur l'emplacement de la porte *Baudoyer*, bâtie sous Philippe-Auguste.

PLACE BEAUVEAU,

Faubourg Saint - Honoré,

En forme de fer à cheval ; faisant face à l'avenue de Marigny, qui traverse les Champs-Élysées.

Les autres places publiques de Paris, telles que celles de l'*Estrapade*, près de la rue Saint-Jacques, de *Gatine*, rue

Saint-Denis, etc., etc., ne méritent pas d'être mentionnées particulièrement.

POMPES A FEU,

A Chaillot près des Champs-Elysées.

POMPE NOTRE-DAME,

Au pont de ce nom.

POMPIERS,

Quai des Orfèvres près de la Préfecture de Police.

Le corps des Sapeurs-Pompiers, destiné à prévenir ou à arrêter les incendies, et à concourir au service de police et de sûreté publique, est sous les ordres et l'administration de M. le Préfet de police.

PONTS.

PONT DU JARDIN DU ROI
OU D'AUSTERLITZ.

Il communique , du jardin qui lui donne son nom , au boulevart Bourdon. Il fut commencé en 1802, sur les dessins de M. *Bequet-Beaupré* , architecte , et terminé cinq ans après , en 1807. Les piles et les culées sont en pierre ; les arches , en fer, sont d'une construction aussi élégante que solide. Il sert de passage aux voitures quelque chargées qu'elles soient. Il faut payer pour le traverser.

PONT DE L'ILE LOUVIERS.

Il est en bois , et ne sert que pour la communication avec l'île où la moitié des habitans de Paris se fournissent de bois.

PONT DE LA CITÉ.

Ce pont joint l'île Saint-Louis à la Cité. Commencé en 1802, et terminé en 1803, par les soins de M. *Demoustier*, sur les plans de M. *Gauthey*, il n'a que deux arches. Les piles et les culées sont en pierres, le ceintre en fer, revêtu de bois. C'est sans doute le mélange de ces trois matières qui a nui à sa solidité ; depuis qu'il s'est affaissé, les voitures n'y obtiennent plus le passage. Il reçoit un péage comme les ponts du Jardin du Roi et des Arts.

PONT MARIE,

Bâti en 1614 ; il sert de communication du port Saint-Paul à l'île Saint-Louis.

PONT DE LA TOURNELLE.

Il communique du quai de la Tournelle à l'île Saint-Louis.

PONT NOTRE-DAME.

Jean Joconde a fourni les dessins de
ce pont qui fut bâti en 1499, et qui était
bordé de maisons dans toute sa longueur. Elles furent démolies en 1786.
De beaux parapets et de larges trottoirs
les remplacent.

PONT DE L'HOTEL-DIEU,
OU PONT AU DOUBLE.

Il ne passe sur ce pont, situé derrière
l'Hôtel-Dieu, que des gens de pied. C'est
aussi le moins remarquable ; il n'a d'autre mérite que son utilité.

PETIT PONT.

Deux bâteaux de foin embrasés, en
s'arrêtant aux arches de ce pont, le détruisirent en 1718 ; il avait été commencé
en 1394, et était couvert de maisons.
16

On l'a rebâti depuis, mais sans rétabl
les maisons.

PONT AU CHANGE.

Autrefois en bois, et consumé en 162
et en 1639: ce pont a été rebâti en pierr
Il était, comme le précédent, couve
de maisons, qui furent démolies en 178
Le pont au Change est remarquable pa
sa largeur et sa solidité.

PONT SAINT-MICHEL.

Il fut terminé en 1618. Suivant u
usage également contraire à la sûret
publique et au bon goût, il avait ét
surchargé de maisons. Ces maisons o
été démolies pendant la révolution, e
l'on peut maintenant admirer la har
diesse de son architecture.

PONT NEUF.

Commencé sous le règne de Henri III

sur les dessins de *Jacques Androuet
Ducerceau*, et terminé sous le règne de
Henri IV, par *Guillaume Marchand*,
le Pont-Neuf, le plus beau de Paris,
et peut-être de l'Europe, communique
de la rue Dauphine à la rue de la Monnaie. En face de la pointe de l'île de la
Cité, presqu'au milieu du pont, est ce
qu'on appelle le *Terre-plein*, où l'on
devait élever à la gloire des armées françaises, un obélisque en granit de Cherbourg, de 180 pieds d'élévation. Depuis
la restauration, le *Terre-plein* est orné
de la statue de Henvi IV, qui occupait
cette place avant la révolution. La largeur du Pont-Neuf est de 13 toises, et sa
longueur de 170. Au-dessus de chaque
pile, dans les demi-lunes, on a construit, sur les dessins de *Soufflot*, de
jolies petites boutiques qui contribuent
à sa décoration, sans embarrasser en rien
la voie publique.

PONT DES ARTS OU DU LOUVRE.

Il fut terminé en 1804, sous la direction de M. *Dumoutier*. L'une de ses extrémités donne vis-à-vis la porte du Louvre, et l'autre en face du palais des Beaux-Arts. Les culées et les piles sont en pierre, les arches en fer. Il est planchéié. On paye pour le traverser.

PONT ROYAL,

Bâti sous le règne de Louis XIV, pour remplacer le pont de bois détruit par le dégel de 1684.

PONT LOUIS XVI.

L'architecte *Perronet* a employé dans la construction de ce pont, commencé en 1787 et fini en 1791, un genre d'architecture nouveau qui sacrifie les apparences de la solidité à l'élégance et à la

légéreté. Les arches surbaissées sont sou-
tenues par des piles légères avec des colonnes engagées ; d'élégantes balustrades en
forment les parapets , les plus beaux de
Paris. Ce pont présente l'aspect le plus
agréable. Les piles doivent servir de
bases aux statues colossales de plusieurs
hommes illustres français.

PONT DE L'ÉCOLE MILITAIRE
OU D'JENA.

Ce pont, en pierre, aussi solide qu'élégant , a été commencé en 1806 , sur les
dessins de M. *Dillon*. Pendant le séjour
des *Alliés* en France , en 1815 , on crai-
gnit de le voir *sauter*. Plusieurs piles
avaient été minées , et il a souffert de
forts endommagemens par suite de plusieurs tentatives.... On s'est arrêté, et
tout est réparé.

16 *

PORTES DE PARIS.

PORTE SAINT-DENIS.

On a dit à l'article des *Arcs de triomphe*, que bien que les *portes St. Denis* et *St. Martin* fussent considérées comme de véritables arcs de triomphe, il convenait cependant de leur conserver le titre de *portes*, sous lequel elles étaient généralement connues.

La première immortalisera le talent supérieur de l'architecte *Blondel*. Si elle peut mériter d'assez graves reproches sous les rapports des proportions et du goût ; si elle ne possède pas le caractère parfaitement distinct des arcs de triomphe anciens, qui en ont fait naître l'idée, ce qui tient à des considérations qui ne sont pas de nature à être développées dans une simple indication, elle n'en est pas moins pour Paris le plus

ancien, et peut-être le premier monument triomphal dont il se soit glorifié ;
et il le doit à la magnificence de *Louis-
le-Grand.*

Cet édifice, dont la largeur est de près
de 74 pieds, et la hauteur de près de 79,
non compris le socle qui le surmonte ,
et qui sert d'appui à la plate-forme, présente deux faces que les seuls ornemens
commencés par *Girardon* , et continués
par *Augier,* font différer entre elles.

Sur l'un des piédestaux , en regard de
la rue Saint-Denis , est une figure colos-
sale représentant le *Rhin ;* sur l'autre ,
la *Hollande* figurée par une femme dans
l'affliction. Du côté du faubourg , au
lieu de figures , ce sont des lions. Le
bas-relief au-dessus de la porte , côté
de la rue , représente le *passage du
Rhin.* Du côté du faubourg , la *prise de
Maëstricht.* Deux *Renommées* , des
Trophées, des *Dépouilles* et des *Inscriptions,* concourent , avec les sujets prin-

cipaux, à l'embellissement d'un édifice précieux pour les arts et pour la nation. On l'a réparé, il y a quelques années, avec un talent et un bonheur remarquables.

PORTE SAINT-MARTIN.

Trop rapproché de fait de la porte Saint-Denis, cet arc l'est encore plus malheureusement, à cause de la comparaison que la proximité lui fait nécessairement subir avec la porte St.-Denis, et qui, certes, n'est point à son avantage.

Moins haut et moins large, puisqu'il ne comporte en élévation comme en largeur, qu'environ 54 pieds, il est d'une architecture triste, lourde et de mauvais goût. *Pierre Bullet*, qui l'a exécuté, n'est cependant pas un architecte sans mérite; et plus d'une fois il s'est montré le digne élève de *Blondel*.

La porte Saint-Martin, percée, comme celle Saint-Denis, de trois portes, est ornée de bas-reliefs et d'ornemens dus aux talens de *Desjardins*, *le Hongre*, *Legros* et *Marsy*. Les deux bas-reliefs représentent la conquête de la *Franche-Comté* et la *prise de Luxembourg*. On vient de la réparer.

ANCIENNES PORTES.

Les *barrières* ont remplacé les *portes*. Ces dernières, que les accroissemens successifs et l'embellissement de la Capitale rendaient inutiles, ont été détruites à diverses époques, et long-temps avant la révolution. On ne parle donc plus que comme de choses qui ont existé, des portes *Saint-Antoine*, *Saint-Paul*, etc., etc.

PORTS.

Les ports de Paris appartiennent en quelque sorte au commerce, qui y a établi des espèces d'entrepôts.

Les ports de *Bercy*, de la *Rapée*, de la *Tournelle* et *Saint-Bernard*, sont spécialement affectés à la vente du *vin*;

Ceux de l'*Hôpital*, de l'île *Louviers*, de l'*Ecole* et de l'île *des Cygnes*, à la vente du *bois de charpente* et du *bois à brûler*;

Celui des *Miramiones*, à la vente des *fruits*, du *fourrage*, des *ardoises* et des *tuiles*;

Celui de la *Grève*, à la vente du *fer* et du *charbon*;

Celui du *Louvre*, à la vente du *cidre*.

Les ports sont ouverts, en été, de six heures du matin à six heures du soir; en hiver, de sept heures du matin à cinq heures du soir.

POSTES.

L'invention des Postes est due à l'Université, invention précieuse, dont la société retire les plus grands avantages.

POSTES AUX LETTRES.

L'administration des postes est l'une des plus importantes du Royaume ; son organisation , son activité tiennent du prodige : c'est le plus parfait de tous les établissemens publics.

Toutes les relations par correspondance sont du ressort des postes , auxquelles on peut confier les lettres les plus précieuses et les plus fortes sommes d'argent. On s'instruit dans les bureaux de l'administration , établie rue J.-J. Rousseau , des précautions à prendre pour obtenir ce résultat.

Le service des postes de Paris est subdivisé en plusieurs bureaux.

Il y a de grands bureaux dans les principaux quartiers , où , comme à l'administration même, on affranchit les lettres. Dans les petits bureaux , très-multipliés pour la commodité du service, on peut déposer à toute heure les lettres pour Paris et celles pour les départemens.

Il est bon de se rappeler que les envois d'argent, ou les recettes, ne peuvent avoir lieu qu'à l'hôtel de l'administration.

Les lettres se déposent au bureau général, rue J.-J. Rousseau, tous les jours jusqu'à deux heures ; dans les grands bureaux jusqu'à un heure, et dans les petits jusqu'à midi.

Il y a pour les lettres de la correspondance de Paris plusieurs levées et plusieurs distributions par jour.

POSTE AUX CHEVAUX.

Rue et enclos de l'Abbaye Saint-Germain-des-Prés.

SOCIETÉS SAVANTES.

ATHÉNÉE DE PARIS,

Rue du Lycée, près le Palais-Royal.

L'infortuné Pilatre du Rosier forma ,

(193)

en 1784, sous le titre de *Musée*, cet
établissement qui reçut, dans les premières années de la révolution, le titre
de *Lycée*, et qui porte aujourd'hui celui d'*Athénée*.

On peut y suivre, moyennant une
somme annuelle de 120 fr., différens
cours de sciences et de langues.

SOCIÉTÉ POUR L'ENCOURAGEMENT
DE L'INDUSTRIE NATIONALE ,

Rue du Bac , hôtel de Boulogne.

Des savans, des fonctionnaires publics,
des propriétaires et des manufacturiers,
fondèrent, en 1802, cette Société, dont
le but est de seconder les efforts du Gouvernement pour l'amélioration des diverses branches de l'industrie française.
Elle établit des concours, distribue
des prix pour l'invention et le perfec-
tionnement dans les arts utiles ;

17

Envoie des médailles, dessins ou des
criptions des inventions nouvelles, et de
instructions ou renseignemens pour le
fabricans, agriculteurs, etc. ;

Fait des expériences ou essais pou
apprécier les nouvelles méthodes an
noncées au public ;

Accorde des avances aux artistes qu
ont besoin d'être aidés pour exécute
des machines ou des procédés d'une uti
lité reconnue ;

Publie, mais distribue exclusivemer
aux membres de la Société, un bulleti
renfermant l'annonce raisonnée des de
couvertes relatives à l'industrie, fait
en France et chez l'étranger.

La Société d'encouragement tient de
assemblées générales par an. La premié
est consacrée à tout ce qui a trait à l'a
ministration.

La deuxième, qui a lieu dans le co
rant du mois de juillet, est particuli

rement consacrée à la distribution des
prix.

Pour être reçu dans la Société d'encouragement, il faut être présenté par un de ses membres. Le conseil délibère sur l'admission du candidat qui, s'il obtient de faire partie de la Société, s'engage à payer une contribution annuelle de 36 fr.

SOCIÉTÉ ROYALE D'AGRICULTURE.

Une ordonnance royale avait établi en 1788 une Société d'agriculture pour l'amélioration de diverses branches de l'économie rurale et domestique de la France ; elle était le centre commun et lieu de correspondance des différentes Sociétés d'agriculture du Royaume. La révolution fit suspendre ses relations et ses travaux.

Cette Société a été rétablie par une ordonnance du Roi du 4 juillet 1814,

dans son titre , ses priviléges et ses attri-
butions.

SOCIÉTÉ DE MÉDECINE DE PARIS,

Instituée pour continuer les travaux
des anciennes Académies de médecine
et de chirurgie , cette société entretient
à cet effet , et pour tout ce qui peut in-
téresser les progrès de la science médi-
cale et de l'art de la chirurgie , une correspondance avec les médecins et chirurgiens du royaume , et avec les médecins et chirurgiens étrangers.

SOCIÉTÉ POUR L'EXTINCTION
DE LA PETITE VÉROLE EN FRANCE,

PAR LA PROPAGATION DÉ LA VACCINE,

Rue du Battoir-St.-André-des-Arcs.

ATHÉNÉE DES ARTS,
CI-DEVANT LYCÉE DES ARTS.

Fondé en 1792.

SOCIÉTÉ ROYALE ACADÉMIQUE
DES SCIENCES,

Sous la protection spéciale, de S. A. R. Monseigneur le duc d'Angoulême.

SOCIÉTÉ PHILOTHECNIQUE.

Fondée en 1795.

ACADÉMIE ROYALE

DES ANTIQUAIRES DE FRANCE.

Cette société fondée en 1805, sous la dénomination d'*Académie Celtique*, à l'instar de celle de Londres, a pour objet de rechercher, de réunir, de comparer et d'expliquer les antiquités

17 *

nationales , celtiques , gauloises et des Francs dans les monumens , les langues et les usages.

SOCIÉTÉ DE CHARITÉ
MATERNELLE.

Le but de cette Société , établie à Paris sous la protection et la présidence de S. A. R. *Madame* , d'uchesse d'Angoulême , est de secourir les pauvres femmes en couche , de pourvoir à leurs besoins , et d'aider à l'allaitement de leurs enfans.

QUAIS.

Les plus beaux quais sont ceux qui , au nord de la Seine , s'étendent depuis le pont Saint-Michel jusqu'au pont de l'École-Militaire , et qui sont ornés du nouveau marché de la Vallée , de l'hôtel des Monnaies , du Palais des Beaux-Arts , dit des Quatre-Nations , des hô=

tels du ministre de la Police et de Bouil-
lon , de la caserne des Gardes-du-Corps,
du palais de la Chancellerie de la Légion
d'Honneur , ci-devant hôtel de Salm ,
de beaux jardins , de plusieurs hôtels
de la rue de Bourbon , du péristyle du
palais de Bourbon , autrefois Corps-Législatif, et de la belle esplanade des
Invalides.

Sur la rive opposée , on remarque depuis le Pont-Neuf jusqu'au pont de l'É-
cole Militaire , la galerie du Louvre , le
pavillon de Flore du château des Tuileries , la terrasse de l'eau et le jardin du
même château ; la place Louis XV , les
Champs-Élisées , et les jolies maisons de
Passy.

RESTAURATEURS.

Les principaux restaurateurs , sont :
Véry, au Palais-Royal, près le passage
du Perron.

Legacques, rue de Rivoli,

Beauvilliers, rue de Richelieu;

Les frères Provençaux, au Palais-Royal;

Baleine, au Rocher de Cancale, rue Montorgueil;

Henneveu, au Cadran Bleu, boulevart du Temple, etc., etc.

SPECTACLES ET CURIOSITÉS.

Ils sont nombreux et variés. Ceux qui suivent sont sédentaires.

CIRQUE OLYMPIQUE,

Rue du Faubourg-du-Temple.

Le Cirque Olympique, sous la direc-de MM. Franconi, est non moins célè-bre par ses pantomimes que par les exercices d'équitation qui les précèdent. Ils ont lieu tous les soirs

THÉATRE PITTORESQUE
ET MÉCANIQUE DE M. PIERRE,

*Galerie Montesquieu, près la rue St.-
Honoré et le Palais-Royal.*

Il y a quarante ans que feu M. Pierre
a créé ce spectacle, où l'art du peintre
se marie de la manière la plus heureuse
avec celui de l'artiste mécanicien. Après
avoir parcouru les pays étrangers, M.
Pierre vint à Paris, et s'y fixa en 1800.
Son théâtre est dirigé par ses élèves,
qui, seuls depuis son décès, sont déposi-
taires du secret de son mécanisme.

SPECTACLES DE PHYSIQUE
ET DE FANTASMAGORIE.

Les cabinets de physique et de fantas-
magorie que l'on distingue particulièrement, sont ceux de MM. *Le Breton*, rue

de l'Abbaye, faubourg St.-Germain, et *Robertson*, boulevart Montmartré.

THÉATRE DE PHYSIQUE AMUSANTE ET DE VENTRILOQUIE.

MM. *Olivier* et *Comte* se partagent, quoique leurs établissemens soient étrangers l'un à l'autre, l'art aimable de tromper les yeux et les oreilles,

M. *Olivier* est surtout un très-habile escamoteur.

M. *Comte* est le premier ventriloque du monde ; c'est plus que feu *Thiémet,* feu *Borel,* feu *Fitz-James :* c'est Monsieur *Comte* lui-même.

Le premier a son théâtre rue Neuve-des-Petits-Champs, en face du Trésor public, et l'autre à l'hôtel des Fermes, rue de Grenelle Saint-Honoré.

THÉATRES.

Grands théâtres. *Académie Royale de Musique ;* théâtre *Français ;* théâtre royal de l'*Opéra - Comique ;* théâtre royal de l'*Odéon.*

Petits théâtres. Théâtre du *Vaude-ville ;* théâtre des *Variétés ;* théâtre de l'*Ambigu - Comique ;* théâtre de la *Gaieté ;* théâtre de la *Porte Saint-Martin.*

ACADÉMIE ROYALE DE MUSIQUE,

Rue de Richelieu.

La salle de ce premier théâtre de France, par la pompe et la magnificence vraiment royales de son spectacle, par le mérite de ses opéras, de ses artistes et par la magie de ses ballets, fut bâtie en 1793. L'*Opéra,* qui occupait alors la

salle de la Porte Saint-Martin, y fut
transporté et prit le titre de *Théâtre des
Arts.* L'extérieur de la salle est un peu
remarquable. C'est du côté de la rue de
Richelieu, une galerie couverte percée
de portiques. Le vestibule est décoré de
colonnes doriques. Des colonnes d'ordre
ionique soutiennent quatre rangs de
loges. On est assis au parterre.

THÉATRE FRANÇAIS,

Rue de Richelieu.

Si l'Académie Royale de Musique est
le premier théâtre de France par la pompe
et les merveilles de ses spectacles, le
Théâtre Français est vraiment celui de
la nation par ses richesses dramatiques.

Le lieu qui voit représenter les chefs-
d'œuvres de notre théâtre et de notre
langue, est bien peu digne de cet honneur; la salle très-ordinaire, a été com-

mencée en 1787 , et ouverte au public
en 1790. Elle servit aux *Variétés Amu-
santes* , et ne changea de destination
que par suite du schisme politique qui
survint au commencement de la révolution entre les Comédiens français. Cette
dissention donna l'idée au directeur
d'engager *Talma* et *Monvel*, et dès-lors
la tragédie et la haute comédie daignè-
rent monter sur ce théâtre,

L'autorité mit fin au schisme, et la
France eut une réunion précieuse de talens où brillèrent ceux de MM. *Monvel,
Larive, Talma, Molé, Fleury, Du-
gazon ;* de Mesdames *Joly , Devienne ,
Talma , Contat* et *Mars.... Mars*, la
perle du Théâtre Français !

L'entrée de la salle est rue de Richelieu : c'est un porche d'ordre dorique
couronné d'un balcon. Le vestibule est
décoré de colonnes du même ordre. On
y voit la belle statue en marbre de

18

Voltaire assis, qui fait tant d'honneur au ciseau de *Houdon*.

Les bustes des auteurs dramatiques célèbres, exécutés par les meilleurs sculpteurs français, décorent le foyer.

THÉATRE DE L'OPÉRA-COMIQUE,

Rue Feydeau.

La salle bâtie en 1791, sur les dessins de *Legrand* et *Molinos*, n'a rien de remarquable à l'extérieur ; elle est toute *enfouie* dans le passage Feydeau, comme le théâtre Français dans le Palais-Royal ; mais l'intérieur est élégamment et commodément distribué. On a placé au bas de l'escalier la statue de *Grétry*. C'est, après l'*Odéon*, la plus belle salle de Paris.

Le genre de l'*Opéra-Comique* a bien changé depuis son origine. Les *Arlequins* et les *Cassandres* ont entièrement

disparu ; les *Colins* n'y tiennent plus le premier rang. *L'Opéra-Comique* a été approprié à nos mœurs actuelles ; les poëmes sont de petites comédies, généralement fort agréables, pleines de mots heureux, d'intentions comiques, et embellies d'une musique légère, élégante, originale... Ce genre nouveau cède parfois sa place à l'ancien répertoire, qui sait encore, en les variant, augmenter les plaisirs du public.

THÉATRE ROYAL DE L'ODÉON,

Faubourg Saint-Germain.

Cette salle, presque entièrement consumée par un incendie en 1799, a été reconstruite par feu *Chalgrin* ; elle est isolée comme toutes les salles de spectacle devraient l'être : c'est la plus belle de Paris.

Presque réduite en cendre par un

nouvel incendie, en 1818, elle vient d'être rétablie.

THÉATRE FAVART
OU DES ITALIENS,

Place des Italiens.

Ce théâtre, isolé comme celui de l'Odéon, et situé de la manière la plus avantageuse sur une place carrée, régulièrement bâtie, mérite l'attention sous le rapport de la science et sous celui du goût. Il fait infiniment d'honneur à l'architecte *Heurtier*, qui le fit construire sur ses dessins, en 1782.

La réunion des artistes de Favart à ceux de Feydeau, nécessita la fermeture de ce théâtre, longtemps occupé par une troupe de chanteurs Italiens, sous la direction de la célèbre cantatrice madame Catalani.

THÉATRE DU VAUDEVILLE ,

Rue de Chartres.

Ce n'est pas le Vaudeville de la rue de Chartres qui aurait fait dire à Boileau :

Le Français né malin créa le Vaudeville.

Jamais, et depuis quelques années sur-tout, on n'a donné de Vaudevilles plus lourds, plus fades, plus soporifiques, plus indignes du genre et de l'esprit français, qu'on n'en donne à ce sombre, étroit, mesquin et ennuyeux spectacle.

THÉATRE DES VARIÉTÉS ,

Boulevart des Panoramas.

Joli théâtre ; foyer plus joli encore. Le bon goût ne préside pas toujours au choix des pièces ; mais elles sont pour la

18 *

plupart, gaies et piquantes. C'est là qu'il faut aller pour rire. Graves censeurs, souvenez-vous de ce mot du grave Capitoul :

J'ai ri , me voilà désarmé.

THÉATRE DE LA PORTE S. - MARTIN,

Boulevart de la porte du même nom.

Ce théâtre semble se rappeler dans ses ballets-pantomimes, ou dans ses ballets isolés , qu'il a été illustré par l'*Opéra.* On y joue le mélodrame.

THÉATRE DE L'AMBIGU COMIQUE,

Boulevart du Temple.

Le mélodrame !

THÉATRE DE LA GAITÉ,

A côté du précédent.

Encore le mélodrame !

TEMPLES PROTESTANS ET AUTRES.

Rue Saint-honoré, à l'Oratoire.

Cet édifice fut bâti en 1621 par *Lemercier.*

Rue St.-Antoine, ancienne église de la Visitation.

Ce temple est de *François Mansard*; il a été construit en 1632.

TEMPLE DES LUTHÉRIENS,

Rue des Billettes.

SYNAGOGUES,

Rue Sainte-Avoye, rue du Chaume et rue Saint-André-des-Arcs.

FIN.

TABLE

DES MATIÈRES.

FIN DE LA TABLE.

NOUVEL INDICATEUR

DES RUES DE PARIS,

RUES.

Rues.	Tient.	Aboutit.
À Abbaye (de l')	r. de Bussy	rue de l'urnstein
À Abbaye (n. de l')	r. Durnstein	rue de la Poste
À Acacias (des)	rue Plumet	rue de Sèvres
À Acacias (des)	boul. des Invalid.	place de Breteuil
À Aguesseau (d')	r. du f. S. Honoré	rue de Surène
À Aiguillerie (de l')	pl. Ste-Opportune	place Gastine
À Alexandre (S.)	eucl. de la Trinité	r. Grenétat
À Aligre (d')	r de Charenton	marché S. Antoine
À Amandiers (des)	bar. des Amandiers	r. Popincourt
À Amandiers (des)	r. des Sept-Voyes	r. de la M. Ste Gen.
À Amboise (d')	r. Favart	r. de Richelieu
À Ambroise (S.)	r. S.-Maur	r. Popincourt
À Amelot	rue S.-Sébastien	place S.-Antoine
À Anastase (S.)	r. Thorigny	rue Turenne
À Anastase (N. S.)	r. des Prêtr. S Paul	r. St.-Paul
À André (S.)	r. Folie-Regnault	barrière d'Aunay
À And.-des-Arts (S.)	r. de Bussy	pl. du pont S.-Mic.
À Angivilliers (d')	r. de l'Oratoire	rue. des Poulies
À Auglade (de l')	r. Traversière	r. de l'Evêque
À Anglais (des)	r. Galande	r. des Noyers.
À Auglaises (des)	rue de l'Oursine	r. du Petit-Champ
À Angoulême (d')	avenue de Neuilly	r. du f du Roule
À Angoulême (d')	boul. du Temple	r. Folie Méricourt
À Anjou (d')	rue de la Pépinière	r. du f. S.-Honoré
À Anjou (d')	r. d'Orléans.	r. du G.-Chantier
À Anjou (d')	r. Dauphine	r. de Nevers
À Anne (Ste.)	r. N.-S.-Augustin	r. de l'Anglade.
À Anne (Ste.)	quai des Orfèvres	cour Ste-Chapelle
À Antin (d')	r. N. des P. Champs	r. N. S.-Augustin
À Antoine (S.)	place de la Bastille	place Beaudoyer
À Antoine (du f. S.)	place S. Antoine	barrière du Trône
À Appoline (Ste.)	rue Saint-Denis	r. St.-Martin
À Arbalète (de l')	r des Charbonniers	r. Mouffetard.

Rues.	*Tient.*	*Aboutit.*
Arbre-Sec (de l')	rue St.-Honoré	place de l'Ecole
Arcade (de l')	r. de la Madeleine	rue S.-Lazare
Arch.-Marion	quai de la Mégisser.	r. S.-Germ.-l'Aux
Arche-Pepin (de l')	r. S.-Germ-l'Aux.	la Seine
Arci. (des)	r. de la Verrerie	r. S.-Jac.-la-Bouch
Argenteuil (d')	r. des Frondeurs	rue Neuve S.-Roch
Arras (d')	rue Clopin	r. Saint Victor.
Artois (d')	rue de Provence	boul. des Italiens
Arts (des)	enclos de la Trinité	pr. la r. Grenétat
Assas (d')	r. du Cherche-Midi	rue de Vaugirard
Astorg (d')	r. de la ville l'Evêq.	r. de la Pépinière
Aubry-le-Boucher	r. St.-Martin	r. S. Denis
Audriettes (des)	Quai de la Grève	r. de la Mortellerie
Augustins (des gr.)	r. S And.-des-Arcs	quai des Augustins
Augustins (des pet.)	quai Malaquai	rue du Colombier
Augustins (des v.)	rue Montmartre	r. Coquillière
Augustin (N. S.)	r. de Richelieu	r. Louis-le-Grand
Aumaire	r. St.-Martin.	r. Frépillon.
Austerlitz (d')	les Invalides	la Seine
Aval (d')	rue de la Roquette	rue Amelot
Aveugles (des)	place St.-Sulpice	r. Garancière
Avignon (d')	rue S.-Denis	r. de la Savonnerie
Avoye (Ste.)	r. Neuv. S.-Merry	r. des Vieil.-Audr
Babille	r. de Viarmes	r. des Deux-Ecus
Babylone (de)	boul. des Invalides	r. du Bac
Babylone (neu. de)	place Fontenoy	avenue de Villars
Bac (du)	pont Royal	rue de Sèvres
Bac (du petit)	rue de Sèvres	r. des Vieil.-Thuil.
Bagneux (de)	r. de Vaugirard	r. du Pt.-Vaugirard
Baillt	r. de l'Arbre-Sec	r. de la Monnaie
Bailleul	r. des Poulies	r. de l'Arbre-Sec
Baillif	r. C. des P. Champs	r. des Bons-Enfans
Bailly	rue Henri	r. S. Paxant
Ballets (des)	r. S -Antoine	r. du Roi de Sicile
Banquier (du)	r. du M. aux Chev.	r. Mouffetard.
Barbe (Ste.)	r. Beauregard	boul. Bonne-Nouv.
Barbette	vieille r. du Templ	r. des 3 Pavillons
Bar-du-Bec	r. de la Verrerie	rue S.-Merry
Barillerie (de la)	pont au Change	pont S.-Michel
Barouillère	rue de Sèvres	r. du Pt.-Vaugirard
Barres (des)	quai de la Grève	place Baudoyer
Barrés (des)	rue Saint-Paul	rue du Fauconnier
Basfroid	r. de la Roquette	r. de Charonne

Rues	Tient.	Aboutit.
Basse Porte S. Den.	rue Hauteville	porte S.-Denis
Batailles (des)	ruelle Ste-Marie	r. de Longchamp
Battoir (du) S.-A.	rue de l'Eperon	rue Hautefeuille
Battoir (du) S.-Vi.	rue Copeau	pl. du Puits-l'Herm.
Baville (du)	cour de Harlay	cour Lamoignon
Beaubourg	r. Simon-le-Franc	r. Michel-le-Comte
Beauce (de)	rue de la Corderie	rue d'Anjou
Beaujolois (de)	rue de Bretagne	rue Forez
Beaujolois	rue de Chartres	rue de Valois
Beaujolois	rue Montpensier	rue de Valois
Beaune (de)	quai Voltaire	r. de l'Université
Beauregard	rue Poissonnière	rue de Cléry
Beaurepaire	r. des Deux-Portes	rue Montorgueil
Beautreillis	r. Neuve S.-Paul	rue S.-Antoine
Beauveau	marché S.-Antoine	rue de Charenton
Belle-Chasse	quai d'Orçay	rue de Grenelle
Bellefond	r. du f. Poissonn.	rue Rochechouart
Benoît (S.)	rue Royale	rue S.-Vannes
Benoît (S.)	rue des Mathurins	passage S.-Benoît
Benoît (S.)	rue Jacob	rue Taranne
Bercy (de)	r. de la Contrescarp	barrière de Bercy
Bercy (de)	marché S.-Jean	vieille r. du Temple
Bergère	r. du f. Poissonn.	r. du f. Montmartre
Bernard (S.)	r. du f. S.-Antoine	rue de Charonne
Bernardins (des)	r. de la Tournelle	rue Saint-Victor
Berry (de)	r. de Poitou	rue de Bretagne
Berry (neuve de)	r. du f. du Roule	avenue de Neuilly
Bertin-Poirée	r. S.-Germ.-l'Aux.	r. des Deux Boules
Bétizy	rue du Roule	r. des Bourdonnais
Beurrière	r. du V.-Colombier	rue du Four S.-G.
Bibliothèqu (de la)	rue S.-Honoré	place Marengo
Bienfaisance (de la)	r. du Rocher	les Champs
Bièvre (de)	r. des Gr.-Degrés	rue S.-Victor
Billettes (des)	r. de la Verrerie	r. Ste Cr.-la-Bret.
Biron	r. du f. S.-Jacques	rue de la Santé
Bissy	marc. S. Germain	carré S.-Germain
Blanche	rue S.-Lazare	barrière Blanche
Blancs-Mant. (des)	r. Ste-Avoye	vieille r. du Temple
Bleue	r. du f. Poissonn.	rue Cadet
Bon (S.)	r. Jean-Pain-Molet	rue de la Verrerie
Bourbon	rue du Colombier	pl. S. Ger.-des-Pr.
Bondy (de)	r. du f. du Temple	porte St-Martin

Rues.	Tient.	Aboutit.
Bons-Enfans (des)	rue S.-Honoré	rue Baillif.
Bons-Enf. (N. des)	rue Baillif	r.-N.-des-Pts.-Ch.
Bons-Homm. (des)	barrière Franklin	quai de Billy
Bon-Puits (du)	rue Traversine	rue S.-Victor
Bordet	r. de la M. Ste-Gen.	r. de Fourcy
Bossuet	rue Chanoinesse	pont de la Cité
Boucher	r. de la Monnaie	rue Thibautodé
Boucherat	r. des F. du Calv.	r. Charlot
Boucherie (de la)	quai des Invalides	r. S.-Dominique
Boucheries (des)	r. des Foss. S. Germ	r. Ste-Marguerite
Boucheries (des)	r. S.-Honoré	r. de Richelieu
Bouclerie (vieille)	r. de la Huchette	r. de la Harpe.
Boudreau	rue Caumartin	r. de Trudon
Boulangers (des)	r. des Foss. S Victor	r. S.-Victor
Boulets (des)	r. de Montreuil	r. de Charonne
Bouloy (du)	r. C. des P.-Champs	r. Coquillière.
Bourbe (de la)	r. d'Enfer	r. du f. S.-Jacques
Bourbon (de)	r. des SS.-Pères	r. de Bourgogne
Bourbon-Villen.	r. S.-Denis	r. du Petit-Carreau
Bourbon (du Petit)	r. de Condé	r. des Aveugles
Bourdonnais (des)	r. Bétizy	r. St.-Honoré
Bourdonnaie (la)	aven. de Lowendal	aven. de Tourville
Bourg-l'Abbé	rue aux Ours	rue Grenétat
Bourgogne (de)	quai d'Orçay	r. de Varennes
Bourtibourg	r. Ste-Cr-de-la-Br.	marché St.-Jean
Bourguignons (des	ch. des Capucins	rue de l'Oursine
Boutebrie	r. de la Parchem.	rue du Foin
Boyauterie (de la)	r. du f. S.-Martin	barr. du Combat
Braque (de)	r. du Temple	rue du Chaume
Brave (du)	r. des Quatre Vents	r. du Petit Bourbon
Bretagne (de)	r. de Beauce	r. des F.-du-Calv.
Bretagne (N. de)	boul. des F. du Cal.	r. des F.-du-Calv.
Breteuil (de)	rue Royale	marché S.-Martin
Bretonvilliers	S.-Louis	quai de Béthune
Brisemiche	r. du cl. S.-Merry	rue N.-S.-Merry
Brodeurs (des)	r. de Babylone	r. de Sèvres
Bûcherie (de la)	r. du Petit-Pont	place Maubert
Buffault	r. du f. Montmartre	rue Coquenard
Buffon	boul. l'Hôpital	r. du Jardin du Roi
Buisson S.-Louis	rue S.-Maur	barr. Chopinette
Bussy (de)	r. Mazarine	rue Ste Marguerite
Buttes (des)	r. de Reuilly	rue Picpus
Cadet	rue Bleue	r. du f. Montmartr

Rues.	Tient.	Aboutit.
Cadran (du)	r. du Pt.-Carreau	rue Montmartre
Caffarelli	enclos du Temple	r. de la Corderie
Caire (du)	rue S.-Denis	place du Caire
Calandre (de la)	r. du Marché Palu	r. de la Barillerie
Canettes (des)	place S.-Sulpice	r. du Four
Canivet (du)	rue Servandoni	rue Férou
Capucins (des)	champ des Capuc.	r. du f. S.-Jacques
Capucins (N. des)	place Ste.-Croix	r. du Mont-Blanc
Capucines (N des)	r. Louis-le-Grand	boul. de la Madel.
Cardinale	rue de Wertingen	r. n. de l'Abbaye
Carême-Prenant	r. de l'hos S. Louis	r. du f. du Temple
Cargaisons (des)	Marché-Neuf	rue de la Calandre
Carmes (des)	rue des Noyers	r. St.-Hilaire
Caron	mar. Ste-Catherine	rue de Jarente
Carpentier	rue Cassette	r. du Gindre
Carreau (du petit)	r. du Cadran	rue de Cléry
Carrières (des)	les Champs	carr. des Batailles
Cassette	rue de Vaugirard	r. du V.-Colombier
Cassini	r. du f. S.-Jacques	c-de-sac del'Obser.
Castex	r. de la Cerisaie	rue S.-Antoine
Castiglionne (de)	r. de Rivoli	rue S.-Honoré
Catherine (Ste)	rue S.-Dominique	r. S.-Thomas
Catherine (N. Ste)	r. Payenne	r. Saint-Louis
Catherine (Ste)	rue S.-Antoine	rue de l'Egoût
Caumartin	boul. de la Madel.	r. N. des Mathurins
Cendrier (du)	r. des Foss. S-Marc.	r. du march. aux Ch.
Censier	r. Mouffetard	r. du Jardin du Roi
Cerisaie (de la)	cour des Salpêtres	r. du Petit-Musc
Cerisaie (N. de la)	boulev. Bourdon	r. Lesdiguières
Chabannais	r. N des P.-Champs	r. Sainte-Anne
Chaillot (de)	r. de Longchamps	avenue de Neuilly
Chaise (de la)	r. de Sèvres	r. de Grenelle S. G
Champ (du Petit)	r. du Ch. de l'Alouèt	rue de la Glacière
Champ del'Alouèt	r. de l'Oursine	rue Croullebarbe
Champs-Elys. (des)	place Louis XV	r. du f. S.-Honoré
Champs (des)	rue de Longchamps	les champs
Chanoinesse	r. de la Colombe	r. Bossuet
Chantereine	r. du Mont-Blanc	r. du f. Montmartre
Chantier du grand	r. des V.-Audriett.	rue Pastourelle
Chantre (du)	r. S.-Honoré	place d'Austerlitz
Chantres (des)	r. Basse des Ursins	rue Chanoinesse
Chanverrerie (de la	r. S.-Denis	rue Mondétour
Chapon	rue du Temple	rue Transnonain

Rues.	*Tient*	*Aboutit.*
Charbonniers (des	rue de Charenton	rue de Bercy
Charbonniers (des	r des Bourguignons	r. des Lyonnais
Charenton (de)	pl. S.-Antoine	barr. de Charent
Charité (de la)	rue S.-Laurent	plac de la Fidéli
Charlot	r. de Bretagne	boul. du Templ
Charonne (de)	barr. de Fontarabie	r. du f. S.-Antoi
Chartière	r. du Mont-S-Hilair	r. de Reims
Chartres (de)	place du Carrousel	pl. du Palais Roy
Chartres (de)	rue de Monceaux	barr. de Courcell
Château-Frileux	quai de la Grève	r. de la Mortelle
Château-Landon	r. du f. S.-Martin	barr. des Verlus
Chat qui pêche	r. de la Huchette	la Seine
Chaudron (du)	r. Château-Landon	r. du f. S.-Martin
Chaume (du)	r. des Bl. Manteaux	r. de Braque
Chauchat	r. de Provence	r. Chanterein
Chauss. des Minim	place Royale	r. N. S.-Gilles
Chem. de la Chop.	rue S.-Maur	barr. Chopinette
Chem. de la Chap.	r. du f. S.-Martin	pr. la barr. S.-Den
Chemin de Lagny	r. des Ormeaux	r. du f. St.-Antoin
Chemin de Pantin	barrière de Pantin	r. du f. S.-Martin
Chemin vert (du)	rue Popincourt	boul. S.-Antoine
Cherche midi (du)	r. du Regard	pl. de la C.-Rouge
Chevalier-du-guet	r. des Lavandières	pl. du Ch.-du-Gue
Chevet S.-Landry	r. des Marmouzets	r. Basse des Ursin
Chevreuse (de)	boul. Mt-Parnasse	r. N. D. des Champ
Childebert	p. r. Ste.-Marguer.	r. Ste-Marthe
Chilpéric	r. de l'Arbre-Sec	pl. S.-Germ.-l'Au
Choiseul	boul. des Italiens	r. N. S.-Augustin
Cholets (des)	r. S.-Et.-des-Grés	r. de Reims
Christine	r. des Gr.-August.	rue Dauphine
Christophe (S.)	pl. du parv. N.-D.	r. de la Juiverie
Cimetière S.-And.	rue de l'Eperon	pl. S. And. des Arc
—S.-Benoît (du)	r. S.-Jacques	r. Frômentel
—S.-Nicolas (du)	r. S.-Martin	r. Transnonain
Ciseaux (des)	rue Ste-Marguerite	r. du Four
Claude (S.)	rue Cléry	r. Ste-Foy
Claude (S.)	r. S.-Louis	b. S.-Antoine
Clef (de la)	rue Copeau	r. d'Orléans
Cléry	r. Montmartre	porte S.-Denis
Clichy (de)	r. S.-Lazare	barrière de Clich
Cloche-Perche	r. S.-Antoine	r. du Roi-de-Sic
Cl. N.-Dame (du)	pl. du parv. N.-D.	r. Bossuet
Cl. S.-Merry (du)	r. de la Verrerie	r. S.-Martin

Rues.	Tient	Aboutit.
Clopin	r. des Foss. S. Vict.	rue Bordet
Clos-Georgeot (du	r. Traversière	r. Sainte-Anne
Clotilde	r. Vieille-Estrap.	r. Clovis
Clovis	r. Bordet	r. des Sept-Voies
Cluny	rue des Grés	place Sorbonne
Cocatrix	r. S.-P.-aux-Bœufs	r. des Tr.-Canettes
Cœur-Volant (du)	r. des Quat.-Vents	r. des Boucheries
Cœur-Volant (du)	r. Croix-Boissière	carr. des Batailles
Colbert	r. Vivienne	rue de Richelieu
Colysée (du)	r. du f. S.-Honoré	avenue de Neuilly
Colombe (de la)	r. Basse des Ursins	r. des Marmouzets
Colombier (du)	r. de Seine	rue S.-Benoit
Colombier (N du)	r. S.-Antoine	marc Ste-Catherin
Colombier (du V.)	carr. de la Cr. Rouge	place St.-Sulpice
Colonnes (des)	r. N. des F.-S.-Th.	rue Feydeau
Comète (de la)	r. S.-Dominique	r. de Grenelle
Commerce (du)	enclos de la Trinité	pr. la r. Grenétat
Comtesse d'Artois	pointe S.-Eustache	r. Mauconseil
Condé	rue des Boucheries	r. de Vaugirard
Contrat-Social	r. des Prouvaires	r. de la Tonnellerie
Contrescarpe	r. Dauphine.	r. S.-And.-des Arcs
Contrescarpe	rue de Fourcy	r. des Foss.-S.-Vict.
Contrescarp (de la)	quai Morland	r. de Charenton
Copeau	rue S.-Victor	rue Mouffetard
Coq S. Hon. (du)	place de Marengo	rue S.-Honoré
Coq S.-Jean (du)	r. de la Tixérand.	r. de la Verrerie
Coq-Héron	r. Coquillière	r. Pagevin
Coqueuard	r. du f. Montmartre	r. Rochechouart.
Coquillière	r. Cr.-des-Pts.-Ch.	pl. S.-Eustache
Coquilles (des)	r. de la Tixérander.	r. de la Verrerie
Corderie (de la)	r. de Beauce	r. du Temple
Corderie (de la)	march. des Jacobin	r. Neuve S.-Roch.
Cordiers (des)	rue S.-Jacques	r. Cluny
Cordonnerie de la)	r. du M. aux Poirées	r. de la Tonnellerie
Corneille	r. de Vaugirard	place de l'Odéon
Cornes (des)	r. du Banquier	r. des Fos. S. Marcel
Corroierie (de la)	r. Beaubourg	r. S.-Martin
Cossonnerie (de la)	r.	pl. du car. de la Hall.
Cotte (de la		marché S.-Antoine
Courcelles		de Monceaux
Courtalon		
Coutellerie (de		
Coutures S.		

Rues.	Tient.	Aboutit.
Courty	rue de Bourbon	rue de l'Université
Crébillon	r. Condé	place de l'Odéon
Croissant (du)	r. du Gros-Chenet	rue Montmartre
Croix (Ste)	r. Gervais-Laurent	r de la V.-Draperie
Croix (N. Ste)	r. S.-Lazare	r S.-Nicolas
Croix (de la)	r. N. S.-Laurent	r. Phelipeaux
Croix-Blanc. (de la)	vieille r. du Temple	r. Bourtibourg
Croix-Boissière	les Champs	carref des Bataille
Cr. de la Bret. Ste)	r. Ste-Avoye	vieille r. du Temple
Croix des Pts-Ch.	r. S.-Honoré	pl. des Victoires
Croix des Pts-Ch.	r. de la Glacière	r. du Ch. de l'Al.
Croix-du-Roule	r. du f. du Roule	r. de Chartres
Croullebarbe	r. Mouffetard	boul. des Gobelins
Crussol	r. des Fos. du Temp	r. Folie-Méricourt
Culture Ste-Cath.	place Biragues	r. du Parc-Royal
Cygne (du)	rue Mondétour	r. S-Denis
Damiette	r. Bourb. Villen.	cour des Miracles
Dauphin (du)	r. de Rivoli	rue S.-Honoré
Dauphine	Pont Neuf	carrefour Bussy
Déchargeurs (des)	r. des Mauv. Paroles	r. de la Ferronnerie
Demi-Saint (du)	r. du cl. S.-G-l'Aux.	r. des Fossés *idem*
Denis (S.)	r. S.-Jac.-la Bouc.	porte S.-Denis
Denis (S.)	r. du f. S.-Antoine	rue de Montreuil
Denis du f. S.)	porte S.-Denis	barr. S.-Denis
Denis (N. S.)	rue S.-Denis	rue S.-Martin
Dervillé	Ch. de l'Alouète	r. des Anglaises
Desaix	rue Kléber	barr. de Grenelle
Désert (du)	r. la Rochefoucault	petite r. du Désert
Désert (pte r. du)	r. S.-Lazare	rue du Désert
Deux-Anges (des)	r. Jacob	r. S.-Benoît
Deux-Boules (des)	r. des Bourdonnais	r. des Lavandières
Deux-Ecus (des)	r. de Grenelle S.-H.	r. des Prouvaires
Deux-Ponts (des)	pont Marie	pont de la Tournel
Deux-Portes (des)	rue de la Verrerie	r. de la Tixéranderie
Deux-Portes (des)	r. de la Harpe	r. Hautefeuille
Deux-Portes (des)	r. du Petit-Lion	r. Thévenot
Diamans (des 5)	f. des Lombards	r. Trousse-Vache
Dominique (S.)	r. d'Enfer	r. du f. S.-Jacques
Dominique (S.)	r. des SS.-Pères	av. de Labourdonn.
		rue S.-Louis
		galerie du Louvre
		r. S.-Louis
		Grenelle

Rues.	Tient.	Aboutit.
aperie (de la V.)	pl. du Palais de Just.	r. de la Juiverie
guay-Trouin	rue Madame	r. de Fleurus
gommier	r. Percée	r. de la Corderie
pbot	b. de la Madeleine	r. S.-Honoré
pleix	barr. de Grenelle	pl. Dupleix
pont	r. Bass-S.-Pierre	gr. r. de Chaillot
puis	r. de Vendôme	enclos du Temple
ras	r. du Marché	r. du f. S.-Honoré
urnstein	r. Ste-Marguerite	r. de Seine
harpe (de l')	r. de l'Egoût	place Royale
haudé (de l')	vieil. r. du Temple	r. de Poitou
helle (de l')	r. de Rivoli	r. S.-Honoré
hiquier (de l')	r. d f. Poissonnière	r. du f. S.-Denis
cole de Médecine	r. de la Harpe	r. M. le Prince
oosse (d')	r. S.-Hilaire	r. du Four
coufles (des)	r. du Roi de Sicile	r. des Rosiers
rivains (des)	r. de la Vieil Mon.	r. des Arcis
uries (N. des)	aven de Lowendal	av. de Lam.-Piquet
uries (des petit.)	r. du f. Poissonnière	r. du f. S.-Denis
lise de l')	r. de Grenelle	r. S.-Dominique
lises (des deux)	r. du f. S.-Jacques	r. d'Enfer
out (de l')	r. du Four	r. Ste-Marguerite
out (de l')	r. N. Ste-Catherine	r. S.-Antoine
ov (S.)	r. de la V.-Draper.	r. de la Calandre
nfans-Rouges	r. Pastourelle	r. Molay
nfer (d')	r. Ch.S.-Landry	quai......
nfer (d')	place S.-Michel	barr. d'Enfer
aghien (d')	r. du f. Poissonnièr.	r. du f. S.-Denis
oée-de-Bois (de l')	r. Mouffetard	r. Gracieuse
peron de l')	r. S.-And. des-Arcs	r. du Jardinet
sai (de l')	r. Poliveau	marc. aux Chevaux
t (de l')	r. d'Enfer	boul. du M.-Parn.
trapade (de la V.	pl. de l'Estrapade	place de Fourcy
tienne	r. Boucher	rue de Bétizy
ienne (N. S.)	r. Contrescarpe	r. Copeau
tienne (N. S.)	r. Beauregard	boul. Poissonnière
tienne-des-Grés	r. S.-Jacques	pl. Ste-Geneviève
toile (de l')	quai des Ormes	rue des Barrés
uves (des Vieil.)	r. des Deux-Ecus	r. S.-Honoré
uves (des Vieil.)	r. Beaubourg	r. S.-Martin
ustache (N. S.)	r. du Petit-Carreau	r. Montmartre
vêché (de l')	pl. du parvis N.-D.	pont aux Doubles
vêque (l')	rue des Orties	rue de l'Anglade

Rues.	Tient.	Aboutit.
Fauconnier (du)	rue des Barrés	r. desPrêtr.S.-P
Favart	r. Grétry	boul. des Italie
Femme sans tête	quai Bourbon	r. S.-Louis
Fer à Moulin	r. Mouffetard	place Scipion
Ferdinand	r. desTrois-Couron	rue de l'Orillo
Ferme des Mathur.	r.N. desMathurins	r. S.-Nicolas
Féronnerie (de la)	r. de la Lingerie	r. S.-Denis
Férou	place S.-Sulpice	r. de Vaugirard
Fers (aux)	rue. S.-Denis	marché auxPoir
Feuillade (de la)	place desVictoires	r. N. desB.-Enfa
Feuillantines (des	r. du f. S.-Jacques	r. d'Ulm
Fèves (aux)	r. de la V.-Draperie	r. de la Caland
Feydeau	r. Montmartre	r. de Richelieu
Fiacre (S.)	boul. Montmartre	r. des Jeûneur
Fidélité (de la)	r. du f. S.-Martin	r. du f. S.-Deni
Figuier (du)	r. desPrêt.-S-Paul	r. du Fauconni
Filles-du-Calvaire	r.Bourbon-Villen.	boul. du Templ
Filles Dieu (des)	r.Bourbon-Villen.	rue S.-Denis
Filles-S.-Th.(N.d)	r. de Richelieu	r.N.-D.-des-V
Fleurus (de)	r. N.D. desChamps	r. Madame
Florentin (S.)	pl. de l'Orangerie	r. S.-Honoré
Foin (du)	rue S.-Jacques	r. de la Harpe
Foin (du)	r. S. Louis	r. Ch. des Minin
FoireS.-Ger.(dela)	r. du Four	Foire S.-Germ
Folie-Méricourt	r. du f. du Temple	r. deMénilmont
Folie-Regnault	r. des Amandiers	r. de la Muette
Fontaine	r. S.-Maur	r. Folie-Mérico
Fontaine (de la)	r. Gaillon	r. de la pl. Ven
Fontaine (de la)	r. du Puits-l'Herm.	r. d'Orléans
Fontaines (des)	r. de la Croix	r. du Temple
Forez	marché du Temple	r. Charlot
Forges des)	rue Damiette	place du Caire
Fossés S.-Bernard	quai S.-Bernard	rue S.-Victor
Fos.S.-Ger. l'Aux.	place d'Jéna	r. de la Monnai
Fos.S.G.-des-Prés	carref. de Bussy	r. des Boucheri
Fossés S.-Jacques	rue S.-Jacques	pl. de l'Estrapa
Fossés S.-Marcel	r. Mouffetard	rue de la Muett
FossésMontmartr.	place desVictoires	r. Montmartre
Fossés S.-Victor	rue S.-Victor	r. Bordet
Fossés du Temple	r. du f. du Temple	r. deménilmonta
Fouarre (du)	r. de la Bûcherie	r. Galande
Four (du)	r. Traînée	r. S. Honbré
Four (du)	r. Ste-Marguerite	car. de laCr. Rou

Rues.	*Tient.*	*Aboutit.*
...ur (du)	r. des Sept-Voyes	rue d'Ecosse
...urcy (de)	r. S.-Antoine	r. de Jouy
...urcy (de)	r. Mouffetard	place de Fourcy
...urreurs (des)	pl. Ste-Opportune	r. des Lavandières
...urneaux (des)	bar. des Fourneaux	r. de Vaugirard
...y (Ste)	rue S.-Denis	r. des Filles-Dieu
...ançaise	r. Pavée	r. Mauconseil
...ancs-Bourgeois	r. de Vaugirard	pl. S.-Michel
...ancs-Bourgeois	vieille r. du Temple	r. Paycune
...ancs-Bourgeois	cloître S.-Marcel	r. des f. S.-Marcel
...ançois (N. S.)	vieille r. du Temple	r. S.-Louis
...épillon	rue Aumaire	r. Phelipeaux
...ères (des trois)	r. Chantereine	r. S.-Lazare
...iperie (de la gr.)	place du Légat	r. de la Tonnellerie
...iperie (de la pet.)	place du Légat	r. de la Tonnellerie
...omagerie (de la)	r. du m. aux Poirées	rue Trainée
...oidmanteau	r. S.-Honoré	place d'Austerlitz
...omentel	r. Chartière	r. du cim. S.-Ben.
...onde (de la)	c. de sac S. Bernard	rue de Montreuil
...ondeurs (des)	c. des 4 Cheminées	r. S.-Honoré
...oseaux (des)	r. S.-Germ.-l'Aux.	q. de la Mégisserie
...aillon	r. n. des P.-Champs	r. n. S.-Augustin
...alande	r. S.-Jacques	place Maubert
...rancière	r. de Vaugirard	r. du Pet.-Bourbon
...rnisons (Vieill.)	r. de la Tixérander.	cloître S.-Jean
...sté	r. des Batailles	r. Basse de Chaillot
...neviève (N. Ste)	r. de Fourcy	r. des Postes
...ntilly (du petit)	r. Mouffetard	boul. des Gobelins
...offroy-l'Angev	r. Ste.-Avoye	rue Beaubourg
...offroy-l'Asnier	r. S.-Antoine	quai de la Grève
...orges (S.)	r. S.-Lazare	rue de Provence
...rard-Boquet	r. neuve S.-Paul	r. des Lions
...rm-l'Auxer (S.)	pl. des trois Maries	r. S.-Denis
...rvais (S.)	r. des Coutures S. G.	r. n. S.-François
...rvais-Laurent	petite r. S.-Pierre	r. de la Lanterne
...illes (neuve S.)	rue S.-Louis	boul. S.-Antoine
...illes (p. r. neuv. S)	boul. S.-Antoine	rue n. S.-Gilles
...ndre (du)	r. du v. Colombier	r. de Vaugirard
...t-le-Cœur	r. S. And.-des-Arcs	quai des Augustins
...oière (de la)	r. de l'Oursine	boul. S.-Jacques
...atigny (de)	r. des Marmouzets	basse des Ursins
...belins (des)	r. Mouffetard	rivière de Bièvre
...urdes (des)	allée des Veuves	ruelle des Marais

Rues.	Tient.	Aboutit.
Gracieuse	rue Copeau	rue Française
Grammont (de)	r. n. S.-Augustin	boul. des Italie
Gr.-Degrés (des)	place Maubert	q. de la Tourn
GrandPrieuré(du)	r. de ménilmontant	rue de la Tour
Granges-aux-Bell.	r. des Marais.	r. des Récollet
Grange-Batelière	r. N. Gr.-Batelière	r. duf.Montmar
Grange-Batel.(N.)	r. Pinon	boul. des Italie
Gravilliers (des)	r. du Temple	r. Transnonain
Grenelle de)	carr. de Sartine	r. S. Honoré
Grenelle (de)	car. de la Cr.-Rouge	r. Labourdonn
Grès des)	r. de la Harpe	r. S.-Jacques
Grenétat	r. S -Martin	r. S.-Denis
Grenier S.-Lazare	r. Beaubourg	r. S.-Martin
Grenier-sur-l'eau	r.Geoffroil'Asnier	r. des Barres
Grésillons (des)	r. Miroménil	r. du Rocher
Grétry	r. Favart	r. Grammont
Gril (du)	r. Censier	r. d'Orléans
Grillée	r. de la Mortellerie	quai de la Grè
Gros-Chenet (du)	r. des Jeûneurs	rue de Cléry
Guénégaud	r. Mazarine	quai Conti
Guérin-Boisseau	r. S.-Martin	r. S.-Denis
Guillaume	quai d'Orléans	r. S.-Louis
Guillaume (S.)	r. de Grenelle	r. des SS.-Père
Guillelmites (des)	r. de Paradis	r.desBl.-Mante
Guillemin (neuve)	r. du Four	r. du V. Colomb
Guisarde	r. des Canettes	Foire S. Germa
Hanovre (d')	r. du Port-Mahon	r. Choiseul
Harlay (de)	quai des Orfèvres	quai de l'Horl
Harlay (du)	r. S.-Claude	boul S.-Antoi
Harpe (de la)	r. S.-Severin	place S.-Miche
Hautefeuille	r.S.And.-des-Arcs	r. de l'Ec. de M
Hauteville (d')	r. Bas. porte S.-D.	r. de Paradis
Hazard (du)	r. Sainte-Anne	r. Traversière
Heaumerie (de la)	r. S.-Denis	r.de la Vieil.Mo
Helder (du)	boul. des Italiens	r. Taitbout
Henri Ier. (de)	r. Bailly	r. Royale
Hermites (des 2)	r. Cocatrix	r. des Marmouz
Hilaire (S.)	r.S.J.-de-Beauvais	r. des Sept-Vo
Hillerin-Bertin	r. de Grenelle	r. de Varennes
Hirondelle (de l')	r. Gît-le-Cœur	pl. du Pt.S.Mic
Hippolyte (S.)	r. des 3 Couronnes	r. de l'Oursine
Hom.-Armé de l')	r. S. C. de la Bret.	r.desBl.-Mante
Honoré (S.)	porte S.-Honoré	r. de la Lingeri

Rues.	Tient.	Aboutit.
Honoré (du f. S.)	rue d'Angoulême	porte S.-Honoré
Honoré-Chevalier	r. du Pot-de-Fer	rue Cassette
Hôpital S.-Louis	barr. du Combat	r. des Récollets
Houssaye (du)	r. Chantereine	r. de Provence
Huchette (de la)	r. du Petit-Pont	r. vieille-Bouclerie
Hugues (S.)	r. Royale	r. Bailly
Hurleur (du gr.)	r. S.-Martin	r. Bourg-l'Abbé
Hurleur (du pet.)	r. Bourg-l'Abbé	r. S.-Denis
Hyacinthe (S.)	r. du m. des Jacob.	r. de la Sourdière
Hyacinthe (S.)	r. S.-Jacques	place S.-Michel
Iéna (d')	les Invalides	la Seine
Ivry (petite r. d')	r. du Banquier	boul. de l'Hôpital
Irlandais (des)	r. des Postes	r. de la Viei. Estrap.
Jacinthe	r. Galande	r. des Trois-Portes
Jacob	r. S.-Benoît	r. des SS.-Pères
Jacques (S.)	r. du Petit-Pont	porte S.-Jacques
Jacques (du f. S.)	porte S.-Jacques	barr. d'Arcueil
Jacques la B. (S.)	r. S.-Denis	Planche-Mibray
Jard. du Roi (du)	r. de la Muette	carref. de la Pitié
Jardinet (du)	r. Mignon	r. de l'Eperon
Jardins (des)	r. des Prêtr. S.-Paul	r. des Barrés
Jarente (de)	r. Culture Se-Cath.	r. de l'Eg. Ste-Cath.
Jean (S.)	r. S.-Dominique	r. de l'Université
Jean (neuve S.)	r. du f. S.-Martin	r. du f. S.-Denis
Jean-Baptiste (S.)	r. Michel	r. de la Pépinière
Jean-Bart	r. de Vaugirard	r. de Fleurus
Jean-Beausire	boul. S.-Antoine	r. S.-Antoine
Jean-de-Beauce	r. de la gr. Friperie	r. de la Cordonnerie
Jean-de-Beauc. (S)	r. S.-Hilaire	r. des Noyers
Jean-Jacq.-Rouss.	r. Montmartre	r. Coquillière
Jean-Hubert	r. des Cholets	r. des Sept-Voyes
Jean-de-l'Epine	r. de la Coutellerie	r. de la Vannerie
Jean-de-Latran (S	place Cambray	r. S. J. de Beauvais
Jean-Lantier	r. Bertin-Poirée	r. des Lavandières
Jean-Pain-Mollet	r. des Arcis	r. de la Coutellerie
Jean-Robert	r. S.-Martin	r. Transnonain
Jean-Tison	r. des F. S.-G. l'Aux.	r. Bailleul
Jérôme (S.)	quai de Gèvres	r. Vieille-Lanterne
Jérusalem (de)	quai des Orfèvres	r. de Nazareth
Jeûneurs (des)	r. Montmartre	r. du Sentier
Joaillerie (de la)	place du Châtelet	r. S.-J.-la-Bouch.
Joquelet	r. N.-D. des Vict.	r. Montmartre
Joseph (S.)	r. Montmartre	r. du Gros-Chenet

Rues.	Tient.	Aboutit.
Jour (du)	rue Montmartre	pl. S.-Eustache
Jouy (de)	r. S.-Antoine	rue de Fourci
Judas	r. des Carmes	r. de la M. Ste.-Gen.
Juifs (des)	r. des Rosiers	r. du Roi de Sicile
Juiverie (de la)	r. de la V.-Draperie	r. de la Calandre
Julien-le-P. (S.)	r. de la Bûcherie	r. Galande
Julienne	r. de l'Oursine	r. Pascal
Jules (S.)	r. de Montreuil	r. du f. S.-Antoine
Jussienne (de la)	r. Montmartre	r. Coq-Héron
Kléber	barr. de la Cunette	aven. de Suffren
Lacaile	boul. d'Enfer	r. d'Enfer
Lacuée	pont d'Austerlitz	r. du f. S.-Antoine
Laiterie (de la)	pr. la r. Grenétat	enclos de la Trinité
Lancry (de)	r. des Marais	r. de Bondy
Landry (S.)	r. Basse des Ursins	r. des Marmouzets
Lanterne (de la)	r. Vieille-Draperie	quai Desaix
Lanterne (de la)	r. des Arcis	r. S.-Bon
Lanterne (de la V.)	r. S.-Jérôme	v. pl. aux Veaux
Lappe (de)	r. de la Roquette	r. de Charonne
Lard (au)	r. de la Lingerie	r. Lenoir
Laurent (S.)	r. du f. S.-Denis	r. du f. S.-Martin
Laurent (N. S.)	r. de la Croix	rue du Temple
Laval	r. Pigalle	les Champs
Lavandières (des)	pl. Ste-Opportune	r. S.-Germ.-l'Aux.
Lavandières (des)	r. des Noyers	place Maubert
Lazare (S.)	r. S.-Laurent	Foire S.-Laurent
Lazare (S.)	r. du f. Montmartre	r. de l'Arcade
Leclerc	boul. S.-Jacques	r. du f. S.-Jacques
Lenoir	r. du f. S.-Antoine	marché S.-Antoine
Lenoir	r. de la Poterie	r. S.-Honoré
Lepelletier	r. de Provence	boul. des Italiens
Lesdiguières (de)	r. de la Cerisaie	r. S.-Antoine
Levrette (de la)	r. de la Mortellerie	r. du Martrois
Licorne (de la)	r. S.-Christophe	r. des Marmouzets
Limace (de la)	r. des Déchargeurs	r. des Bourdonnais
Limoges (de)	r. de Poitou	r. de Bretagne
Lingerie (de la)	r. S.-Honoré	marc. des Innocens
Lingerie (de la)	enclos de la Foire	S.-Germain
Lion (du petit)	r. S.-Denis	r. des Deux-Portes
Lion (du petit)	r. de Condé	r. des Aveugles
Lions (des)	r. du Petit-Musc	r. S.-Paul
Lombards (des)	r. S.-Martin	r. S.-Denis
Longchamp (de)	barr. de Longchamp	r. des Batailles

Rues.	Tient.	Aboutit.
Longpont (de)	place S.-Gervais	quai de la Grève
Lorillon (de)	barr. de Riom	rue S.-Maur
Louis (S.)	rue de l'Echelle	r. S.-Honoré
Louis (S.)	r. des F. du Calvaire	r. de l'Echarpe
Louis (S.)	pont de la Cité	quai de Béthune
Louvois	r. Ste-Anne	r. de Richelieu
Lubeck (de)	r. des Batailles	r. Ste-Marie
Lully	r. de Louvois	r. Rameau
Lune (de la)	r. Poissonière	boul. Poissonnière
Luxemb. (N. de)	r. de Rivoli	boul. de la Madel.
Lyonnais (des)	r. des Charbonniers	r. de l'Oursine
Mâcon	r. de la v.-Bouclerie	r. S.-And. des Arcs
Maçons (des)	r. des Mathurins	place Sorbonne
Madame	r. de Vaugirard	r. de l'Ouest
Madeleine (de la)	r. du f. S.-Honoré	r. de l'Arcade
Magdebourg (de)	r. des Batailles	quai de Billy
Magloire (S.)	r. S.-Denis	r. Salle-au-Comte
Mail (du)	r. Vide-Gousset	r. Montmartre
Maison-Neuve	r. de la Voierie	r. de la Pépinière
Malboroug	r. de Rochechouart	r. du f. Poissonnière
Malte (de)	r. de la Tour	r. de Ménilmontant
Mandar	r. Montorgueil	r. Montmartre
Marais (des)	r. de Seine	r. des Pts-August.
Marais (des)	r. du f. du Temple	r. du f. S.-Martin
Marc (S.)	r. Montmartre	r. de Richelieu
Marc (N.-S.)	place des Italiens	r. de Richelieu
Marcel (S.)	place S.-Marcel	r. Mouffetard
Marche (de la)	r. de Bretagne	r. de Poitou
Marché (du)	r. d'Aguesseau	r. des Saussayes
Marché aux Chev.	r. Poliveau	boul. de l'Hôpital
M. des Jacob. (du)	r. S.-Honoré	r. N. des Pts.-Ch.
Marché-Neuf (du)	r. de la Barillerie	r. du Marché Palu
M. S.-Martin (du)	r. Frépillon	enclos S.-Martin
M. aux Poirées (du)	carreau de la Halle	place du Légat
Marché-Palu (du)	r. de la Calandre	le Petit-Pont
Marcou (S.)	r. Royale	r. Bailly
Marguerite (Ste.)	r. de l'Egout	r. des Boucheries
Marguerite (Ste.)	r. du f. S.-Antoine	r. de Charonne
Margueri. (p. r. Ste)	r. Ste-Marguerite	r. Childebert
Marie (Ste)	r. de Verneuil	r. Bourbon
Marie (Ste)	r. de Longchamp	barr. Ste-Marie
Marie-Stuart	r. Montorgueil	r. des Deux-Portes
Marigny (de)	Champs-Élysées	r. du f. S.-Honoré

(16)

Rues.	Tient.	Aboutit.
Marionnettes (des)	r. du f. S.-Jacques	rue de l'Arbalète
Marivaux (de)	r. Grétry	boul. des Italiens
Marivaux (de)	r. des Ecrivains	r. des Lombards
Marivaux (p. r. de)	r. de la Vieill.-Mon.	r. de Marivaux
Marmouzets (des)	r. de la Juiverie	r. de la Colombe
Marmouzets (des)	r. S.-Hippolyte	r. des Gobelins
Martel	r. des Ptes-Ecuries	r. de Paradis
Marthe (Ste)	r. Childebert	passag del'Abbaye
Martin (S.)	r. des Lombards	porte S.-Martin
Martin (N. S.)	r. S.-Martin	r. du P. aux Biches
Martin (du f. S.)	porte S.-Martin	barr. de la Villette
Martyrs (des)	r. S.-Lazare	barr. des Martyrs
Martrois (du)	pl. de l'Hôt-de-Vil.	r. de la Levrette
Masseran	r. N. Plumet	r. de Sèvres
Massillon	r. Chanoinesse	r. Bossuet
Mathurins (des)	r. S.-Jacques	r. de la Harpe
Mathurins (N. des)	r. de l'Arcade	r. du Mont-Blanc
Matignon	Champs-Elysées	r. du f. S.-Honoré
Maubué	r. S.-Martin	r. du Poirier
Mauconseil	r. S.-Denis	r. Comtesse d'Art.
Maur (S.)	r. des Amandiers	r. de l'Hos. S.-Louis
Maur (S.)	r. des Vieill.-Tuile.	r. de Sèvres
Maur (S.)	r. S.-Vannes	r. Royale
Maure (du)	r. Beaubourg	r. S.-Martin
Mauvais-Garçons	r. des Boucheries	r. de Bussy
Mauvais-Garçons	r. de la Verrerie	r. de la Tixeranderi.
Mauv.-Parol. (des)	r. des Lavandières	r. des Bourdonnais
Mazarine	r. S. And.-des-Arcs	r. de Seine
Mazure (de la)	r. de la Mortellerie	quai des Ormes
Mécaniques (des)	r. des Arts	r. du Commerce
Méchin	r. de la Santé	r. du f. S.-Jacques
Médard (N. S.)	r. Gracieuse	r. Mouffetard
Ménars (de)	r. de Richelieu	r. de Grammont
Ménestriers (des)	r. Beaubourg	r. S.-Martin
Ménilmontant (de)	bar. de Ménilmont.	r. Amelot
Ménilmont. (N. de)	b. des F. du Calvair.	r. S.-Louis
Mercier	r. de Viarmes	r. de Grenelle
Mercière	enclos de la Foire	S. Germain
Merry (N. S.)	r. Bar-du-Bec	r. S.-Martin
Meslée	r. du Temple	r. S.-Martin
Messageries (des)	r. de Paradis	r. du f. Poissonnièr
Métiers (des)	près la r. Grenétat	enclos de la Trinité
Mézières (de)	r. du Pot-de-Fer	r. Cassette

Rues.	Tient.	Aboutit.
Michel (S.)	r. S.-Jean-Baptiste	rue Maison-Neuve
Michodière (de la)	boul. des Italiens	carr. Gaillon
Michel-le-Comte	r. Transnonain	r. Ste-Avoye
Mignon	r. du Jardinet	r. du Battoir
Minimes (des)	r. des Tournelles	r. S.-Louis
Miroménil	les Champs	place Beauveau
Moine (du Petit)	r. de Scipion	r. Mouffetard
Moineaux (des)	r. des Orties	r. N. S.-Roch
Molay	r. Porte Foin	r. de la Corderie
Molière	r. de Vaugirard	place de l'Odéon
Monceau S.-Gerv.	r. de Longpont	r. de la Levrette
Mondétour	r. du Cygne	r. des Prêcheurs
Mondovi (de)	r. du Mont-Tabor	r. de Rivoli
Monnaie (de la)	r. des F.S.G.l'Aux.	r. S.-G.-l'Auxerr
Monnaie (de la V.)	r. des Lombards	r. des Ecrivains.
Monsieur (de)	r. de Babylone	r. Plumet
MonsieurlePrince	carr. de l'Odéon	r. de Vaugirard
Montaigne	ét. desCh.-Elysées	r. Rousselet
Mont. Ste-Genev.	place Maubert	pl. S.-Et.-du-Mont
Mont-Blanc (du)	b. des Capucines	r. S.-Lazare
Montesquieu	r. desBons-Enfans	r. Cr.-des-iPts-Ch
Montgallet	r. de Charenton	r. de Reuil y
Montholon	r. Rochechouart	r. du f. Poissonnièr
Montmartre	pointe S.-Eustache	boul. Monmartre.
Montmartre (du f.)	boul. Montmartre	r. S.-Lazare
Montmorency	r. S.-Martin	r. du Temple
Montmorency (N)	r. Feydeau	r. S.-Marc
Montorgueil	r. Comtesse d'Art.	r. du Cadran
Montpensier	r. de Richelieu	r. Beaujolois
Mont-Parnasse (du	r. N.D. desChamps	b. du M.-Parnasse
Montreuil (de)	r. du f. S.-Antoine	barr. de Montreuil
Moutabor (du)	r. de Castiglione	r. de Mondovi
Moreau	quai de la Rapée	r. de Charenton
Morts (des)	r. du f. S.-Martin	r. de l'hos. S.-Louis
Mortellerie (de la)	pl. de l'Hôt-de-Vil.	r. de l'Etoile
Monceaux (de)	r. du f. du Roule	r. de Courcelles
Mouffetard	rue Fourcy	barr. Mouffetard
Moulin (du haut)	r. du f. du Temple	r. de la Tour
Moulin (du haut)	r. de la Lanterne	r. Glatigny
Moulins (des)	r. des Orties	r. N. des Pts-Champ
Moussy	r. de la Verrerie	r. Ste-C. de la Bret.
Mouton (du)	pl. de l'Hôt-de-Vil	r. de la Tixérander.
Muette (de la)	r. de la Roquette	r. de Charonne

Rues.	Tient.	Aboutit.
Mûrier (du)	rue Traversine	rue S.-Victor
Musc (du petit)	quai des Célestins	r. S.-Antoine
Nazareth	r. de Jérusalem	cour dela Ste. Chap.
Necker	r. d'Ormesson	r. Jarente
Neuve des Pts-Ch.	r. N. des Bons-Enf.	pl. Louis-le-Grand
Nevers (de)	quai conti	r. d'Anjou
Nicaise (S.)	r. S.-Honoré	r. de Rivoli
Nicolas (S.)	r. du f. S.-Antoine	r. de Charenton
Nicolas (S.)	r. de l'Arcade	r. du Mont-Blanc
Mic. du Chard. (S.)	r. Traversine	r. S.-Victor
Nicolas (N. S.)	r. Samson	r. du f. S.-Martin
Nicolet	r. de l'Université	quai d'Orçay
Nonaindières (des	r. de Jouy	quai des Ormes
Normandie (de)	r. Boucherat	r. Charlot
Nôtre (Le)	allée des Veuves	r. du Colysée
Notre-Dame (N.)	place du Parvis	r. du Marché-Palu
Notre-Dame (V.)	r. Censier	r. d'Orléans
N.-D. des Champs	r. d'Enfer	r. de Vaugirard
N.-D. Bon-Nouv.	r. Beau egard	boul. Poissonnière
N.-D. de Nazareth	r. du P.-aux-Biches	r. du Temple
N.-D. de Recouv.	r. Beauregard	boul. Poissonnière
N.-D. des Victoir.	carr. des Pts-Pères	r. Montmartre
Noyers (des)	r. S.-Jacques	place Maubert
Oblin	r. Coquillière	r. de Viarmes
Observance (de l')	pl. de l'Ec. de Méd.	r. M. le Prince
Odéon (de l')	place de l'Odéon	carr. de l'Odéon
Ogniard	r. S.-Martin	r. des 5 Diamans
Oiseaux (des)	m. des Enf.-Rouges	r. de Beauce
Olivet (d')	r. des Brodeurs	r. Traverse
Orangerie (de l')	r. d'Orléans	r. Censier
Oratoire (de l')	r. S.-Honoré	place Marengo
Oratoire (N. de l')	avenue de Neuilly	r. du f. du Roule
Orfèvres (des)	r. S.-Germ.-l'Aux.	r. Jean Lantier
Orléans (d')	r. S.-Honoré	r. des Deux-Ecus
Orléans (d')	r. des Quatre-Fils	r. de Poitou
Orléans (d')	r. du J. du Roi	r. Mouffetard
Orléans (N. d')	porte S.-Denis	porte S.-Martin
Ormeaux (des)	r. de Montreuil	r. anc. de Lagny
Ormesson (d')	r. Cult. Ste-Cather.	r. de l'Egout
Orties (des)	r. d'Argenteuil	r. Sainte-Anne
Oseille (de l')	r. S.-Louis	vieille r. du Temple
Ouest (de l')	bar. du Mt.-Parnas	r. de Vaugirard
Ours (aux)	r. S.-Martin	r. S.-Denis

Rues.	Tient.	Aboutit.
Paix (de la)	rue.N.desCapucin.	boul. des Capucin,
Pagevin	r.des V-Augustins	r. de la Jussienne
Palatine	rue Servandoni	r, Garancière
Paon (du)	rue du Jardinet	r. de l'Ec. de Méd,
Paon (du)	rue S.-Victor	r. Traversine
Paon blanc (du)	quai des Ormes	r.de la Mortellerie
Panier-Fleuri (du)	c:-de-s. d. 4 Vents.	r. des Bouch. S.-G,
Papillon	place Montholon	rue Bleue
Paradis (de)	r. du f. S.-Denis	r.duf.Poissonnière
Paradis (de)	rue du Chaume	vieille r. du Temp,
Parcheminerie	rue S.-Jacques	r. de la Harpe
Parc-Royal (du)	rue de Thorigny	rue Saint-Louis
Pascal	rue S.-Hyppolite	r.du ch. de l'Aloul
Pas de la Mule (du)	place Royale	boul. S.-Antoine
Pastourelle	rue du Temple	r. du Gr. Chantier
Paul (S.)	rue S.-Antoine	quai des Ormes
Paul (N.S.)	rue S.-Paul	r. Beautreillis
Pavée S.-André	r. S.-And.-d-Arcs	quai des Augustins
Pavée S.-Sauveur	rue Montorgueil	r. du Petit-Lion
Pavée au Marais	r. du Roi de Sicile	r. N. Ste-Cather.
Paxent (S.)	rue Royale	rue Bailly
Payenne	r. Ste.-Catherine	r. du parc-Royal
Pélican (du)	r. de Grenelle S.H.	Cr. des Pts-Ch,
Pépinière (de la)	rue de Courcelles	r. du Rocher
Percée	r. des Prêtres S.P.	r. S.-Antoine
Percée	rue de la Harpe	r. Hautefeuille
Percée	r. de Vendôme	marché du Temple
Perche (du)	rue d'Orléans	vieille r.du Templ.
Perdue	place Maubert	r. des Gr. Degrés
Périgueux (de)	r. de Bretagne	r. Boucherat
Perrine (Ste)	les Champs	gr. r. de Chaillot
Perrin-Gasselin	rue S.-Denis	r. vieille Harengeri
Perle (de la)	rue de Thorigny	vieille r. du Temp,
Pernelle	r. de la Mortellerie	quai de la Grève
Perpignan (de)	r. des Marmouzets	r. des 3 Cannettes
Petit-Banquier du	boul. de l'Hôpital	rue du Banquier
Pts-Champs (des)	rue Beaubourg	rue S.-Martin
Petit Crucifix (du)	r.S.Jacq.-la-Bouc.	cl. du même nom
Petits-Pères (des)	r. vide-Gousset	r. de la Feuillade
Petit-Pont (du)	le petit Pont	rue Galande
Pet-au-Diable (du)	r.de la Tixérandor	cloître S.-Jean
Phelipeaux	rue du Temple	rue Frépillon
Philippe (S.)	rue de Cléry	r.Bourbon.-Villeu

Rues.	Tient.	Aboutit.
Philippe (S.)	rue Royale	rue Bailly
Picpus (de)	r. du f. S.-Antoine	barr. de Picpus
Pied-de-Bœuf (du)	r. de la Joaillerie	rue de la Tuerie
Pierre (S.)	gr. rue de Chaillot	r. Basse de Chaill.-
Pierre (N. S.)	r. des 12 portes	r. N. S.-Gilles
Pierre (S.)	r de Ménilmontant	r. S.-Sébastien
Pierre (pte r.S.)	rue Amelot	rue d'Aval
Pierre (S.)	r. Montmartre	r. N.-D. des Vict.
Pierre-des-Arcis	r. de la V.-Draper.	r. Gervais Laurent
Pierre Assis	r. S.-Hippolyte	rue Mouffetard
Pierre-au-Bœuf	pl. du Parvis N. D.	r. des Marmouzets
Pierre-au-lard	rue du Poirier	r. N. S.-Merry
Pierre-Lescot	place d'Austerlitz	r. S.-Honoré
Pierre-Lombard	rue Mouffetard	anc. cl. S.-Marcel
Pierre à Poissons	r. de la Sonnerie	place du Châtelet
Pierre-Sarazin	r. de la Harpe	rue Hautefeuille
Pigalle	rue Blanche	r. de la Rochefouc.
Pinon	r. N. Grange Batel.	rue d'Artois
Pirouette	pl. du car de la Hal.	rue Mondétour
P. Louis-le-Grand	r. N. des Pts-Ch.	boul. des Italiens
P.-a-Veaux (de la)	r Planche-Mibray	r. S. J.-la-Boucher.
Placide (Ste)	r. des vieil-Tuiler	rue de Sèvres
Planche (de la)	rue de la Chaise	rue du Bac
Planche-Mibray	r. S. Jacq-la-Bou.	pont Notre-Dame
Planchette (de la)	rue Laucée	rue de Charenton
Plat d'étain (du)	r. des Lavandières	r. des Déchargeurs
Plâtre (du)	rue des Anglais	rue S.-Jacques
Plâtre (du)	r. de l'hom.-Armé	rue Ste-Avoye
Plumet	bar des Paillassons	r. des Brodeurs
Plumet (neuve)	boul des Invalides	avenue de Breteuil
Plumets (des)	r. de la Mortellerie	quai de la grève
Poirées (des)	r. N. des Poirées	rue des Cordiers
Poirées (N. des)	r. des Poirées	rue S.-Jacques
Poirier (du)	r. Simon-le-Franc	rue N. S.-Merry
Poissi (de)	quai de la Tournel.	rue S.-Victoir
Poissonnière	boul. Poissonnière	rue de Cléry
Poissonnière (duf)	boul. Poissonnièr.	barr. Poissonnière
Poitevins (des)	rue du Battoir	rue Hautefeuille
Poitiers (de)	quai d'Orçay	r. de l'Université
Poitou (de)	rue d'Orleans	vieille r. du Temp.
Poliveau (de)	r. du m. aux Chev.	boul. de l'Hôpital
Pompe (de la)	r. de l'Université	quai d'Orçay
Ponceau (du)	rue S.-Denis	rue S.-Martin

Rues.	Tient.	Aboutit.
Pont-aux-Biches	rue Censier	r. de la Muette
Pont-aux-Biches	r. N. S.-Laurent	r. de N.-D. de N.
Pont-aux-Choux	rue de Turenne	boulev. S.-Antoine
Pont-de-Lodi (du)	r. Dauphine	r. des Gr.-August.
Pont de la Tripe.	r. de l'Université	à la Triperie
Ponthieu (N. de)	r. Neuve de Berry	aven de Matignon
Pontoise (de)	quai de la Tourn.	rue S.-Victor
Popincourt (de)	r de Ménilmontant	r. de la Roquette
Port-Mahon (de)	carrefour Gaillon	r. Louis-le-Grand
Porte-Foin	rue du Temple	r. des Enf.-Rouges
Poste aux Chevaux	r. Jacob	pl. S.-G. des Près
Postes (des)	pl. de l'Estrapade	r. de l'Arbalète
Pot-de-Fer S.-G.	r. du V.- olombier	r. de Vaugirard
Pot-de-Fer S.-M.	rue des Postes	r. Mouffetard
Poterie (de la)	r. de la Tournell.	r. de la Lingerie
Poterie (de la)	r. de la Tixérand.	r. de la Verrerie
Potiers d'étain (d)	rue Pirouette	r. de la Cossonne.
Poules (des)	r. du Puits qui par.	r. de la V.-Estrap.
Poulies (des)	place d'Jéna	rue S.-Honoré
Poulletier	quai d'Anjou	quai de Béthune
Poupée	rue Hautefeuille	rue de la Harpe
Pourtour (du)	place Baudoyer	rue du Monceau
Prêcheurs (des)	r. des Potiers-d'E.	rue S.-Denis
Prêtres S.-Paul	r. des Nonaindières	rue S.-Paul
Prêtres S.-Severin	rue S.-Severin	r. de la Parchemin.
Prêt. S.-G.-l'Aux.	pl. S.-G,-l'Auxer.	r. de la Monnaie
Prêt. S.-Et.-du-M.	pl. S.-Et.-du-M.	r. Bordet
Princesse	r. du Four	r. Guisarde
Projetée	r. Roquépine	r. de la Pépinière
Provence (de)	r. du Mont-Blanc	r. du f. Montmar.
Prouvaires (des)	rue Trainée	r. S.-Honoré
Puits (du)	r. des Bl.-Manteaux	r. Ste-C.-de-la-Br.
Puits qui parle (du)	r. N. Ste-Genev.	r. des Postes
Puits-Hermite	rue de la Clef	r. du Battoir
Pyramides (des)	rue S.-Honoré	place de Rivoli
Quatre-Fils (des)	v. r. du Temple	r. du Gr. Chantier
Quatre-Vents (d)	rue Condé	r. du Brave
Quenouillles (des)	q. de la Mégisserie	r. S.-Germ.-l'Aux.
Quincampoix	r. Aubry-le-Bouch	r. aux Ours
Quin.-Vingts (des)	r. de Rivoli	r. Batave
Racine	pl. de l'Odéon	r. de M. le Prince
Rambouillet (de)	r. de Bercy	r. de Charenton
Rameau	r. de Richelieu	r. Ste-Anne

Rues.	Tient.	Aboutit.
Rats (des)	r. Galande	r. de la Bûcherie
Rats (des)	r. Folie-Regnault	anc. barr. des Rats
Ravel	r. du P't-Vaugirard	r. de Sèvres
Réale (de la)	r. de la Gr.-Truan.	r. de la Tonnelle.
Récollets (des)	r. grange-aux-bel.	r. du f. S.-Martin
Regard (du)	r. des vieil.-Tuiler.	r. de Vaugirard
Regnard	pl. de l'Odéon	r. de Condé
Regratière	quai d'Orléans	r. S. Louis
Reine Blanc. (de la	r. Mouffetard	r. des F. S.-Marcel
Rempart (du)	r. S.-Honoré	r. de Richelieu
Rempart (basse d.)	r. de Surenne	r. du Mont-Blanc
Renard (du)	r. S.-Denis	r. des Deux-Portes
Renard (du)	r. de la Verrerie	r. N. S.-Merry
Reguand-e-Fèvre	pl. Baudoyer	marché S.-Jean
Repo-oir (du petit)	pl. des Victoires	r. des Vieux-Aug.
Reuilly (de)	r. S.-Antoine	barr. de Reuilly
Reuilly (p. rue de)	r. de Charenton	grande r. de Reuil.
Reims (de)	r. des Cholets	r. des Sept-Voyes
Riboute	r. Bleue	place Montholon
Ficher	r. du f. Montmart.	r. du f. Poissonni.
Richelieu (de)	r. S.-Honoré	boul. Montmartre
Richelieu (neuve)	place-Sorbonne	r. de la Harpe
Richepanse	r. S.-Honoré	r. Duphot
Rivoli (de)	r. de Rohan	r. S.-Frorentin
Roch (neuve S.)	r. S.-Honoré	r. N. des Pts-Cham.
Roch (S.)	r. du Gros-Chenet	r. Poissonnière
Rochechouart	r. Montholon	bar. Rochechouart
Rochefoucault (la)	r. S.-Lazare	barr. Montmartre
Rocher (du)	r. de la Pépinière	barr. de Mouceaux
Rohan (de)	r. S.-Honoré	rue de Rivoly
Rohan	r. du Jardinet	cour du Commerce
Roi de Sicile (du)	vieille r. du Temp.	r. des ballets
Romain (S.)	rue de Sèvres	r. du P. Vaugirard
Roquépine	r. de la Ville-l'Ev.	rue d'Astrog
Roquette (de la)	place S.-Antoine	r. de la Muette
Rosiers (des)	r. des Juifs	vieille r. du Tem.
Roule (du)	r. Bétizy	r. des Prouvaires
Roule (du f. du)	r. d Angoulême	barr. du Roule
Rousselet	r. Plumet	r. de Sèvres
Rousselet	r. du Colysée	aven. Matignon
Royale	le Carrousel	place d'Austerlitz
Royale	place Louis XV	rue S.-Honoré
Royale	r. S.-Antoine	place Royale

Rues.	Tient.	Aboutit.
Royale	marché S.-Martin	cour S.-Martin
Sabot (du)	r. du four	r. du Dragon
S.-Louis	quai de Béthune	pont de la Cité
Saintonge (de)	boul. du Temple.	r. de Bretagne
Saints-Pères (des)	quai Voltaire	r. de Grenelle
Salle-au-Comte	r. aux Ours	r. de S.-Magloire
Sanson	rue des Marais	r. de Bondy
Santé (de la)	champ des Capuc.	boul. S.-Jacques
Sartine (de)	r. de Viarme	r. Coquillière
Sonnerie (de la)	q. de la Mégisserie	r. S.-Germ. l'Aux.
Saussayes (des)	r. du f. S.-Honoré	r. de Surenne
Sauveur (S.)	r. S.-Denis	r. Montorgueil
Sauveur (N.-S.)	r. du Petit-Carreau	r. Damiette
Savonnerie (de la)	r. S.-J.-la-Bouch.	r. de la Heaumerie
Savoye (de)	r. des Gr.-August.	r. Pavée S.-André
Scipion (de)	r. des Fr.-Bourg.	r. du Fer-à-Moulin
Sébastien (S.)	r. S.-Pierre	r. de Popincourt
Seine (de)	quai S.-Bernard	r. du Jardin du Roi
Seine (de)	quai Malaquais	r. neuve de Seine
Seine (neuve de)	rue de Seine	r. du Brave
Sentier (du)	r. S.-Roch	boul. montmartre
Sept-Voyes (des)	r. St-Et.-les-Grès	r. S.-Hilaire
Serpente	r. de la Harpe	r. Hautefeuille
Servandoni	rue Palatine.	r. de Vaugirard
Severin (S.)	rue de la Harpe.	r. S.-Jacques
Sèvres (de)	car. de la Cr. Rouge	barr. de Sèvres
Simon-le-Franc	r. Maubuée	r. Ste.-Avoye
Singes (des)	r. des Bl.-Manteaux	r. Ste.-Cr. de la Bret.
Soly	r. des V.-August.	r. de la Jussienne
Sorbonne (de)	r. des Mathurins	place Sorbonne
Soufflot	r. S.-Jacques	place du Panthéon
Sourdière (de la)	r. S.-Honoré	r. de la Corderie
Spire (S.)	r. Ste.-Foy	r. des Filles-Dieu
Surenne (de)	égl. de la Madelei.	r. des Saussayes
Tabletterie (de la)	r. Veill. Harengerie	r. S.-Denis
Tacherie (de la)	r. Jean-Pain-Mol.	r. de la Coutellerie
Taille-pain	r. Brise-Miche	r. du cl. S.-Merry
Taitbout	r. de Provence	boul. des Italiens
Tannerie (de la)	pl. de l'Hôt.-de-V.	r. Planche-Mibray
Tannerie de la V.)	r. de la v. pl. aux V.	r. de la Tuerie
Taranne	r. des SS.-Pères	r. S.-Benoît
Taranne (pte rue)	r. du Sabot	r. de l'Egout
Teinturiers (des)	r. de la Vannerie	r. de la Tannerie

Rues.	Tient.	Aboutit.
Temple (du)	r. des V.-Audriet.	boul. du Temple
Temple (du f. du)	boul. du Temple	barr. de Belleville
Temple (v. r. du)	rue S.-Louis	r. S.-Antoine
Temp. (r. des f. du)	boul. du Temple	r. du f. du Temple
Terres-Fortes (d)	r. de la Contresc.	r. Moreau
Thérèse	r. Vantadour	rue Sainte-Anne
Thévenot	r. du petit-Carreau	r. S.-Denis
Thibautodé	r. S.-Germ.-l'Aux.	r. des deux-Boules
Thiroux	r. N. des Mathurins	r. S.-Nicolas
Th. d'Aquin (S.)	r. S.-Dominique	pl. S.-Th. d'Aquin
Thomas (S.)	r. d'Enfer	r. du f. S.-Jacques
Thom. du Louvre	pl. du Palais-Royal	galerie du Louvre
Thoriguy	r. du parc-Royal	r. S.-Anastase
Thouarts (du pet.)	r. du Temple	marché du Temp.
Tiquetonne	r. Montmartre	r. Montorgueil
Tirechappe	r. Bétizi	r. S.-Honoré
Tiron	r. S.-Antoine	r. du Roi de Sicile
Tixéranderie (d l.)	r. de la Poterie	place Baudoyer
Tonnellerie (de la)	r. S.-Honoré	r. de la Fromagerie
Touraine (de) S. G.	r. de l'Ec.-de-Méd.	r. de M. le Prince
Touraine (de) au M	r. du Perche	r. de Poitou
Tour (de la)	r. du f. du Temple	r. Folie-Méricourt
Tour d'Auvergne	r. des Martyrs	r. de Rochechouart
Tour-des-Dames	r. Blanche	r. Rochefoucault
Tournelle (de la)	r. de Bièvre	r. de Pontoise
Tournelles (des)	r. neuve S.-Gilles	r. S.-Antoine
Tourniquet (du)	r. du Monceau	cloître S.-Jean
Tournon (de)	rue du Brave	rue de Vaugirard
Tracy (de)	r. du Ponceau	r. S.-Denis
Traînée	r. de la Fromagerie	place S.-Eustache
Transnonain	r. Aumaire	r. Grenier S.-Laz.
Traverse	r. de Sèvres	r. Plumet
Traversière S.-An.	r. de Richelieu	r. S.-Honoré
Traversine	r. du f. S.-Antoine	quai de la Rapée
Tripperet	r. d'Arras	r. de la M. Ste Gen.
Trognon	r. Gracieuse	r. de la Clef
Trois-Bornes (des)	r. d'Avignon	r. de la Reaumerie
Trois-Chandeliers	r. S.-Maur	r. Folie-Méricourt
Trois-Couronnes	r. de la Huchette	la rivière
Trois-Couronnes	carr. S.-Hippolyte	r. Mouffetard
Trois-Canettes	r. S.-Maur	bar. des 3 Couron
Trois-Maures (des)	parvis N.-Dame	r. de la Licorne
Trois-Maures (des)	r. de la Mortellerie	quai de la grève

Rues.	Tient.	Aboutit.
Trois-Maures (des)	r. Troussevache	r. des Lombards
Trois-Pavillons	r. du Parc-Royal	r. des Fr.-Bourg.
Trois-Pistolets	r. du Petit-Musc	r. Beautreillis
Trois-Portes	place Maubert	r. des Rats
Trois-Sabres (des)	r. des 4 Cheminées	barr. de Reuilly
Troussevache	r. S.-Denis	r. des 5 Diamans
Trouvée	r. de Charenton	marché S.-Antoine
Truander. (de la gr	r. Comtesse d'Art.	r. S.-Denis
Truander. (de la p.	r. montdétour	r. de gr. Truand.
Trudon	r. Boudreau	r. N. des Mathur.
Ulm (d')	pl. du Ch. des Cap.	r. Vieille-Estrap.
Université (de l')	r. des SS.-Pères	pont d'Jéna
Ursins (basse des)	r. de Chartres	r. Glatigny
Ursins (haute des)	r. de Glatigny	r. S.-Landry
Ursins (milieu des)	quai	r. haute des Ursins
Ursins (des)	r. du f. S.-Jacques	r. d'Ulm
Val-de-Grâce (du)	r. d'Enfer	r. du f. S.-Jacques
Valois (de)	rue S.-Honoré	rue de Rohan
Valois (de)	rue Courcelles	bar. de Mousseaux
Valois (de)	rue S.-Honoré	r. Beaujolois
Vannerie (de la)	r. Planche-Mibray	pl. de l'Hôt.-de-V.
Vannes (de)	r. de Viarmes	r. des Deux-Ecus
Vannes (S.)	r. S.-Benoît	r. S.-Maur
Varennes (de)	r. des Deux-Ecus	r. de Viarmes
Varennes (de)	r. du Bac	boul. des Invalid.
Vaugirard (de)	r. des F.-Bourgeois	barr. de Vaugirard
Vaugirard (du p.)	r. de Bagneux	r. de Vaugirard
Vendôme (de)	r. du Temple	r. Charlot
Venise (de)	rue S.-Martin	r. Quincampoix
Ventadour	r. N. des Pts-Cha.	r. Thérèse
Verderet	r. de la Gr.-Truan.	r. Mauconseil
Verdelet	r. Coq-Héron	r. J.-J. Rousseau
Verneuil (de)	r. de Poitiers	r. des SS. Pères
Verrerie (de la)	r. S.-Martin	marché S.-Jean
Versailles (de)	r. Traversine	r. S.-Victor
Vert-Bois (du)	r. S.-Martin	r. du P.-aux-Bich.
Verte (grande rue)	r. du f. S.-Honoré	r. de la Ville-l'Ev.
Verte (petite rue)	r. du f. S.-Honoré	r. Verte
Vertus (des)	r. des Gravilliers	r. Phelippeaux
Viarmes (de)	rue de Varennes	rue Oblin
Victor (S.)	place Maubert	r. Copeau
Vide-Gousset	place des Victoir.	r. du Mail
Vieilles-Audiett.	r. du Gr.-Chantier	r. du Temple

Rues.	Tient.	Aboutit.
Vieille Harengerie	r. du Chev.-du-G.	pl. Ste-Opportune
Vieilles-Tuileries	r. de Bayeux	r. du Regard
Vierge (de la)	r. de l'Université	r. S.-Dominique
Vignes (des)	r. du Banquier	boul. de l'Hôpital
Vignes (des)	gr. r. de Chaillot	avenue de Neuilly
Villedot	r. Sainte-Anne	r. de Richelieu
Ville-l'Ev. (de la)	r. de la Madeleine	r. verte
Villiot	quai de la Rapée	r. de Bercy
Vinaigriers (des)	r. du f. S.-Martin	r. de Carême-Pren.
Vinc.-de-Paul (S.)	r. du Bac	pl. S.-Th-d'Aquin
Visitandines (des)	r. du f. S.-Jacques	r. d'Ulm
Vivienne	rue Montpensier	r. N. des Fill. S.-T.
Voie-Creuse (de la)	r. du Banquier	r. des Foss. S. Mar.
Voirie (de la)	gr. r. du f. S.-Denis	r. du ch. de la Ch.
Voirie (de la)	r. des Grésillons	r. Maison-Neuve.
Voirie (de la)	rue Popincourt	r. Menilmontant.
Voirie (de la pet.)	rue de la Voirie	r. de la Bienfaisan.
Voltaire	r. de M. le Prince	place de l'Odéon
Vrillière (de la)	r. de la Feuillade	r. Cr. des Pts-Cham
Vrillière (p. r. de la)	r. de la Vrillière	pl. des Victoires
Werthingen (de)	r. du Colombier	r. N. de l'Abbaye
Zacharie	r. S.-Severin	r. de la Huchette

RUELLES

Ruelles.	Tient.	Aboutit.
Arts (des)	enclos de la Trin.	S.-Martin des Ch.
Benoît. (du Cime-tière-Saint-)	rues Fomentel et Saint-Jacques	Sorbonne.
Buvette (de la)	allées des Veuves	Champs-Elysées.
Chemins (d Quat.)	bar. de Charenton.	Faub. S.-Antoine.
Commerce (du)	enclos de la Trini.	S.-Martin des Ch.
Finet. (Simon-)	rue de la Tannerie.	Arcis.
Fuseaux. (des)	q. de la Mégisser.	Louvre.
Grand'rue	enclos de la Trini.	St.-Martin des Ch.
Hyacinthe	quai de la Grève.	Hôtel de Ville.
Jardiniers (des)	r. de Charenton.	Quinze-Vingts.
Laiterie (de la)	enclos d la Trini.	S.-Martin des Ch.
Lilas (des)	Pet. rue S.-Pierre.	Popincourt.
Magdebourg. (de)	q. Billy, ou de Chail.	Champs-Elysées.
Mandé. (Saint-)	avenue St.-Mandé.	Faub. S.-Antoine.
Marie. (Sainte-)	quai Billy.	Champs-Elysées.
Maures. (des T.)	quai de la Grève.	Hôtel de Ville.

Ruelles.	Tion.	Aboutit.
Mécaniques. (des)	enclos de la Trin.	St.-Martin des Ch.
Métiers. (des)	enclos de la Trin.	St.-Martin des Ch.
Moulin-Joli (du)	r. des Trois-Cour.	Temple.
Mulets. (des)	rue d'Argenteuil.	Palais-Royal.
Paillassons (des)	avenue de Saxe.	Invalides.
Panier-Fleuri. (au)	r. des Boucheries.	Luxembourg.
Paon-Blanc. (du)	quai des Ormes.	Hôtel-de-Ville,
Pelée.	Pet. r. St.-Pierre	Popincourt.
Pied-de-Bœuf. (d)	place du Châtelet.	Arcis.
Planchette. (de la)	rue de Charenton.	Faub.St.-Antoine.
Sabin. (Saint-)	r. Saint-Sabin.	Popincourt.
Teinturiers. (des)	r. de la Vannerie.	Arcis.
Tour-des-Dames, (de la)	rue Blanche.	Chaussée d'Antin.
Voirie (de la)	r. de Ménilmont.	Popincourt.

CULS-DE-SAC.

Ambroise (d'), pl. Maubert
Anglaise (des), r. Beaubourg
Argenson (d') v. r. du Temp.
Argenteuil. (d') r. du Rocher
Aumont (d'). r. de la Mortel.
Babillards. (des), r. Basse) porte S.-Denis
Bizet, rue S -Lazare
Blanchisseuses (des), rue de ce nom
Bœuf (du), r. N. S.-Merry
Bœuf (des) , rue des Sept-Voies.
Bon-Puits(du)r. Traversine.
Boule-Rouge (de la), rue des Fossés-Montmartre.
Bourdonnais (des), rue des Bourdonnais
Bouteille (de la), r. Montorg.
Bouvart, Mont S.-Hilaire
Brasserie(de la)r. Traversièr.
Briare (de), r. Rochechouart
Brutus, rue Coquenard
Carmélites, r. du f. S. Jacq.
Cendrier (du), pas. de ce nom

Basfour, r. S.-Denis
Beaudoierie. r. de la Corroier.
Baudin, rue S.-Lazare
Beaufort, passage de ce nom
Benoît (S.) r. de la Tacherie
Bernard (S.), r. S. Bernard
Berthaud, rue Beaubourg
Fleurus (de), rue de ce nom
Forge-Royale (de la) r. du. Faubourg S.-Antoine
Fourcy (de). r. de Jouy
Grenelle, rue de G.S.-Ger.
Grenétat, enclos de la Trin.
Grosse Tête (de la) r. S. Spire
Guépire, rue de Jouy.
Guéméné, r. S.-Antoine
Hautfort, r d. Bourguignons
Heumerie (del), r d. ce nom
Hospitalières (des), r. de la Chaussée des Minimes.
Jardiniers (des), rue Amelot
Jean-Beausire, r. de ce nom
Jérusalem (de), r. S.-Cristop.
Landry (S), r. du Chev. S.-L.
Launay (de), r. de Charonne

Culs-de-Sac. et Rues.	Culs-de-Sac. et Rues.
Charbonn. (des), r. de ce nom	Laurent (S), r. Basse, port.
Chevalier-du-Guet (du), pl. de ce nom	S.-Denis
Claude (S.), r. Montmartre	Lazare (S), r. du f. S.-Den.
Claude (S.) r. de ce nom au Marais	Longue-Avoine, r. du faub. S.-Jacques
Coquerelle, rue des Juifs	Louis(S), r. de Car.-prenan
Courbâten, r. de l'Arb. Sec	Magloire(S), r. S.-Magloir
Coypel, r. du f. Montmartre	Marais-Rouges (des), r. d. Récolets
Daudrolas, rue Mouffetard	Marché-aux-Chevaux (du) rue de ce nom
Dominique(S.), rue S. Dom, faubourg S.-Germain	Marine (Ste), r. S.-P. aux B.
Echiquier(de l'), r. du Temp.	Martial (S), r. S.-Eloi
Egout (de l') r. du f. S.-Mart.	Michel (du Gr.S.), rue du faubourg S.-Martin
Etienne-du-Mont (S.), près l'église.	Monnaie (de la), place Conti
Etoile (de l'), r. S.-Domini- que au gros-Caillou	Mont-Tabor, r. de Castigl.
Etoile (de l'), r. Thévenot	Mont-Parnasse (du), rue de ce nom
Etuve (des), r. Marivaux	Morlaix, r. des Morts, faub. S.-Martin
Faron (S) r. de la Tixerand.	Mortagne, rue de Charonne
Feuillantines (des), r. du f. S.-Jacques	Nevers (de), r. d'Anj. Dauph.
Fiacre (S), r. S.-Martin	Nicolas (S), marc. S.-Mart.
Filles-Dieu (des), r. Basse, Porte S.-Denis	Nicolas (S.), rue Royale
Péquay, r. des Bl.-Manteaux	Paon (du), r. du Paon S.-A.
Peintres (des), r. S.-Denis	Rohan (de) r. du Jardinet
Petite-Bastille (de la), r. de l'Arbre-Sec	Rolin-prend-Gages, rue des Lavandières
Pierre (S), r. S.-Pierre	Roquette (de la), r. de ce n.
Pierre (S.), r. Montmartre	Salembrière, r. S.-Severin
Planchette (de la), r. S.-M.	Sébastien (S.), r. de ce nom
Poissonnerie, r. de Jarente	Sœurs (des), r. des Fr. Bour.
Pompe (de la), r. de Bondy	Treille (de la), pl. S.-G. l'Au.
Provençaux (des), rue de l'Arbre-Sec	Sourdis, rue des Fossées-S.- Germ. l'Aux.
Puits-de-Rome (du) rue Frépillon	Trois-Frè. (des) r. Trav. S.A.
Putigneux, r. Geoff.-l'Asn.	Venise (de), r. Quincampoix
Quat. Vents (des) r. de ce n.	Vert-Buisson, rue de l'Uni- versité
Réservoirs (des) r. de Chail.	Versailles (de), r. Traversine
	Vignes (des), r. des Postes

PLACES.

Situation.

And.-des-Arcs(S.)r.de ce n.
Angóulêm.(d'), r. du f du T.
Apport-Paris (de l'), près celle du Châtelet.
Ariane. r.dela gr.etp.Truan.
Austerlitz (d'), vis-à-vis le Musée
Bastille (dela), f.S.-Antoine
Baudoyer, marché S.-Jean
Beauveau, rue S.-Honoré
Biragues, rue S.-Antoine
Breteuil. près les Invalides
Caire (du), r.Bourb.-Villen.
Cambray, rue S.-Jacques, vis-àvis S.-Benoît
Carrousel(du),v.-à-v.les.T.
CarréSte-Génévieve(du);v.-à-vis S.-Etienne
Champ des Capucins (du), rue du f. S.-Jacques
Châtelet (du),pr. le p.au Ch.
Chev.-du Guet,r.de ce nom
Cl.S.-Benoît(du),r.S.-Jacq.
Cl.S.-Marcel (du), r.Moulï.
Cloître Ste-Opportune (du), r. des Fourreurs.
Collégiale (de la), près la place S.-Marcel.
Conférence (de la), en face la pompe à feu
Corps-Législ. (du),r.del'Un.
Croix (Ste), r.Ne de ce nom
Croix duTrahoir(dela),coin de la rue de l'Arbre-Sec
Dauphine, pl. du Pont-Neuf
Dupleix, pr.la bar.de Gren.
Ecole(de l'),quai de ce nom
Ecoc ede Médecine (de l'), rue de ce nom
Estrapade(del').pr.lePanth.
Etoile(del').bar.de Neuilly.
Eustache(S.), en face le p.

Situation.

Fidélité (de la) pr.S.-Lam.
Fontenoi, derr. l'Ec.militai.
Gastine, rue S.-Denis
Germ.-l'Aux., v.-à-v. l'égli.
Germ.-des-Prés(S.)enf.l'ég.
Hôtel-de-ville,q.Lepelletier et de la grève
Invalides (des), v.-à-v.l'hô.
Iéna (d'), v.-à-v. le Louvre
Jardin du Roi (du), vis-àvis le Jardin
Légat (du), halle aux Draps.
Louis XV, en face le pont de Louis XVI
Louis-le-Gand, r.S.-Hon.
Marengo, r. du Coq S.-Hon.
Marguerite(Ste), r.S.-Bern.
Maubert, rue Galande
Michel (St.), r. d'Enfer.
Madeleine (de la), boulev. de ce nom
Montholon, rue de ce nom
Odéon(del'), v.-à-v. le théât.
Palais(du),r.de la Barillerie
Palais-Royal(du) r.S.-Hon.
Panthéon(du), v.-à-v. le port
Parvis(du),v.-à-v.N.-Dame
Petits-Pères (des),enf. l'Eg.
Pont S.-Mich. (du). enf.le p.
Pont.-Neuf (du), mil. du p.
Porte S.-Ant. (dela) ent.du f.
Puits-l'Ermite(du). pr.Ste.-Pélagie
Rivoli, rue de Rivoli.
Royale, rue S.-Antoine.
Scipion, r. de ce nom, faub. S.-Marceau.
Sorbonne, r.N. de Richelieu
Sulpice (S.) en face l'église
Trois-Maries (des), en face le Pont-Neuf
Trône (du), barr. de ce nom

Situation.   Situation.

Vannes(du.), r. de ce nom   Victoires (des), rue Croix-
Vauban, derr. les Invalides   des-Petits-Champs.
Veaux (aux), q. de la tourn.

PASSAGES.

Aguesseau (du Marché d'), du boulevard de la Made-
    leine, n. 12, à la rue du Faubourg Saint-Honoré, n. 2.
Aligre (d'), de la rue Bailleul, n. 12, à la rue Saint-
    Honoré, n. 123.
Allée (de la Longue-), de la rue du Ponceau, n. 16, à
    la rue Neuve Saint-Denis, n. 11.
Ancre (de l') de la rue Bourg-l'Abbé, n. 34, à la rue
    Saint-Martin, n. 171.
Antoine (du Petit Saint-), de la rue St.-Antoine, n. 69,
    à la rue du Roi de Sicile, n. 25.
Antoine (Passages Saint-), premier. De la rue du Fau-
    bourg St.-Antoine, n. 261, à celle de Montreuil, n. 24.
Second. De la rue du Faubourg Saint-Antoine, n. 269,
    à celle de Montreuil, n. 3.
Aubert, de la r. St.-Denis, n. 359, à la r. Ste.-Foy, n. 14.
Barnabites (des), de la place du Palais de Justice, n. 1,
    à la rue de la Calandre, n. 4.
Batave (de la Cour), de la rue Saint-Denis, n. 124,
    cul-de-sac de Venise, n. 4.
Beaufort, de la rue Quincampoix, n. 65, au cul-de-sac
    Beaufort.
Beauvilliers, de la rue Montpensier, n. 19, à la rue Ri-
    chelieu, n. 26.
Benoît (St.-) Jacques, n. 95, de la rue St.-Benoît à la maison
    de Sorbonne, n. 16.
Benoît (St.-), St.-Germ., n. 15, à la pl. de l'Abbaye, n. 8.
Bernardins (des), de la rue de Pontoise, n. 10, à la rue
    des Bernardins, n. 23.
Bons-Enfans (des), de la rue Neuve des Bons-Enfans,
    n. 9, à la rue Valois, n. 24.
Boucherie (de la Petite), de la rue Neuve de l'Abbaye,
    à la place Sainte-Marguerite, n. 8.
Boulainvilliers (du Marché), de la rue du Bac, n. 13 à
    la rue de Beaune, n. 4.
Boule-Blanche (de la), de la rue de Charenton, n. 3,
    à la rue Sainte-Antoine, n. 52.
Boule-Rouge (de la), de la rue du Faubourg-Mont-
    martre, n. 22, à la rue Richer, n. 27.

(31)

Boulogne (du Bois de), de la rue Neuve d'Orléans,
n. 32, à la rue du Faubourg Saint-Denis, n. 12.

Café de Foi (du), de la rue Montpensier à la rue Richelieu, n. 46.

Café de Malte (du), de la rue St.-Martin, n. 260, au
boulevart Saint Martin, n. 57.

Café du Parnasse (du), du quai de l'Ecole, n. 10, à la
rue des Prêtres Saint-Germain-l'Auxerrois, n. 7.

Caire (de la Foire du), de la rue Saint-Denis, n 333,
à la rue du Caire, n. 34.

Cendrier (du), de la rue Basse-du-Rempart, n. 38, à la
rue Neuve des Mathurins, n. 5.

Cerf (du Grand-), de la rue du Ponceau, n. 38, à la
rue Saint-Denis, n. 350.

Cerf (de l'Ancien Grand-), de la rue Saint-Denis, n.237,
à la rue des Deux-Portes Saint-Sauveur, n. 6.

Chaise (de la Petite-), de la rue Planche-Mibray, n. 15,
à la rue Saint-Jacques-la-Boucherie, n. 3.

Chantier de l'Ecu (du), de la rue Basse-du-Rempart,
n. 56, au cul-de-sac de la Ferme des Mathurins, n. 11.

Chantier de Tivoli (du , de la rue Saint-Nicolas, n. 50,
à la rue Saint-Lazare, n. 97.

Chartreux (des), de la rue de la Tonnellerie, n. 61., à
a rue Traînée, n. 9.

Chaumont (Saint-), de la rue Saint-Denis, n. 374, à
la rue du Ponceau, n. 18.

Cholets (des), de la rue Saint-Jacques, n. 129, à l'ancien collège des Cholets.

Cirque-Olympique (du , de la rue St.-Honoré, n. 355,
à la rue du Mont Thabor.

Cité (du Théâtre de la), de la rue de la Barillerie, n. 7,
à la rue de la Vieille-Draperie, n. 30

Cluny (de), de la place Sorbonne, n. 3, à la rue des
Grès, n. 10.

Coches (de la cour des), de la rue du Faubourg-Saint-
Honoré. n. 30, à la rue de Surène, n 15.

Comédie (de la), de la rue Saint-Honoré, n. 216, à la
rue Richelieu, n. 6.

Commerce (du), de la rue Frépillon, n. 14, à la rue des
Gravilliers, n. 28.

Commerce (du), de la rue Phélippeaux, n. 14, au cul-
de-sac de Rome.

Couronne (de la), de la rue des Bourdonnais, n. 11, à
la rue Tirechape, n. 10.

Croix-Blanche (de la), de la rue Saint-Denis, n. 224,
    à la rue Bourg-l'Abbé, n. 13.
Croix (Sainte-), de la rue Sainte-Croix-de-la-Breton-
    nerie, n. 41, au cul-de-sac Sainte-Croix.
Delorme (ou Galerie), de la rue de Rivoli, n. 14, à la
    rue Saint-Honoré, n. 287
Désir (du), de la rue du Faubourg Saint-Martin, n. 87,
    à la rue du Faubourg Saint-Denis, n. 88.
Dragon (du), de la rue du Dragon, n. 7, à la rue de
    l'Égoût, n. 2.
Ecuries [des Petites-], de la rue des Petites-Ecuries,
    n. 17, à la rue du Faubourg-Saint-Denis, n. 67.
Empereur [de l'] de la rue Saint-Denis, n. 41, à la rue
    de la Vieille Harangerie, n. 2.
Etoile [de l'], du cul-de-sac de l'Etoile, n. 7, à la rue
    du Petit-Carreau, n. 34.
Eustache (Saint-), de la rue Montmartre, n. 3, à la
    porte latérale de l'Eglise Saint-Eustache.
Fermes (de l'Hôtel des), de la rue de Grenelle Saint-
    Honoré, n. 55, à la rue du Bouloi, n. 24.
Feydeau, de la rue des Filles-Saint-Thomas, n. 12, à
    la rue Feydeau, n. 19.
Fontaines (des), de la rue de Vaugirard, n. 19, au jar-
    din du Luxembourg.
Foy (Sainte-), de la place du Caire, n. 2, à la rue des
    Filles-Dieu, n. 35.
Frépillon (de la rue), du passage du Commerce, n. 14,
    à la rue Phelippeaux, n. 27.
Gaieté (du Théâtre de la), du boulevart du Temple,
    n. 70, à la rue des Fossés du Temple, n. 59.
Genty, du quai de la Rapée, n. 21, à la rue de Bercy, n. 488,
Germain (de la Foire Saint-), de la rue du Four Saint-
    Germain, n. 13, à la rue du Brave, n. 4.
Germain (le Vieux Saint-), de la rue du Marché-Neuf,
    n. 8, à la rue de la Calandre, n. 13.
Grillé, de la rue Basse-du-Rempart, n. 72, à la rue
    Neuve des Mathurins, n. 29.
Guillaume (Saint-), de la rue Richelieu, n. 19, à la rue
    Traversière, n. 16.
Honoré (du Cloître Saint-), de la rue des Bons-Enfans,
    n. 10, à la rue Croix-des-Petits-Champs, n. 9.
Hyacinthe (Saint-), de la rue Ste.-Hyacinthe St.-Michel,
    n. 12, à la rue Saint-Thomas, n. 12.
Innocens (du Chantier des), de la rue St.-Denis à la rue

(33)

de la Lingerie , le long du marché des Innocens.

cques-la-Boucherie (St.-) de la rue Saint-Jacques-la-Boucherie , n. 12 , à la place Saint-Jacques-la-Boucherie.

cques l'Hôpital (Saint-) , de la rue Monconseil , n. 13 , à la rue du Cygne , n. 26.

an de Latran (St.-) , de la rue St.-Jean-de Beauvais , n. 34 , à la place Cambrai , n. 2.

rusalem (du cul-de-sac de) , de la rue Neuve Notre-Dame , n. 4 , au cul-de-sac de Jérusalem , n. 4.

ssienne (de la) , de la rue de la Jussienne , n. 23 , à la rue Montmartre , n. 53.

stice [du Palais de] , de la cour Harlay à la place du Palais de Justice.

amoignon [de la Cour] , du quai de l'Horloge , n. 45 , à la cour Harlay.

moine , de la rue St.-Denis , n. 380 , au passage de la Longue-Allée.

cée [du] , de la rue des Bons-Enfans , n. 25 , à la rue Valois , n. 16.

adeleine [de la] , de la rue de la Juiverie , n. 5 , à la rue de la Licorne , n. 2.

agloire [St.-] , du cul-de-sac St.-Magloire , n. 7 , à la rue Saint-Denis , n. 106.

aire [de la rue au] , de la rue au Maire , n. 32 , à la rue Bailly , n. 7.

anége [du] , de la rue des Vieilles-Tuileries , n. 21 , à la rue de Vaugirard , n. 96.

archand , de la rue Saint-Honoré , n. 178 , au cloître S.-Honoré , n. 16.

arché-Neuf [du] , de la rue du Marché-Neuf , n. 42 , à la rue de la Calandre , n. 39.

arine [Ste.-] , du cul-de-sac Ste.-Marine , n. 2 , à la rue du Cloître Notre-Dame , n. 16.

armite [de la] , de la rue des Gravilliers , n. 28 , au cul-de-sac de Rome , n. 21.

essageries [des] , de la rue Notre-Dame des Victoires , n. 22 , au cul-de-sac Saint-Pierre.

racles [de la cour des] , de la rue des Tournelles , n. 26 , au cul-de-sac Jean-Beaussire , n. 21.

oineaux [des] , de la rue des Moineaux , n. 11 , à la rue d'Argenteuil , n. 40.

olière , de la rue Saint-Martin , n. 207 , à la rue Quincampoix , n. 60.

Mont de Piété [du], de la rue des Blancs-Manteaux, n. 18, à la rue de Paradis, n. 7.

Noir, de la r. N. des Bons-Enf.. n. 9, à la r. de Valois, n. 22.

Ouest [de l'], de la rue de l'Ouest, n. 10, à la rue N Notre-Dame-des-Champs, n. 29.

Panier-Fleuri [du], du cul-de-sac des Bourdonnais, à la rue Trichape.

Panoramas [des], de la rue Saint-Marc, n. 10, au boulevart Montmartre, n. 7.

Patriarches [des], de la rue d'Orléans St.-Marcel, n. 5. à la rue Moufferard, n. 135.

Paume [du Jeu de] de la rue Mazarine, n. 38, à la rue de Seine Saint-Germain, n. 37.

Payen [du clos], de la rue du Petit-Champs, n. 3, boulevard des Gobelins, n. 18.

Petits-Pères [des], de la rue Neuve des Petits-Champs la rue Notre-Dame-des-Victoires.

Pierre [St.-], de la rue de la Tacherie, n. 7, à la rue des Arcis, n 8

Pierre [Saint], de la rue Saint-Antoine, n. 164, à la rue Saint-Paul, n. 34.

Pompe à Feu [de la], du quai Billy, n. 4, à la rue Chaillot, n. 28.

Prix-Fixe [du], de la rue Richelieu, n. 10, à la rue Montpensier, n. 7.

Puits de Rome [du], de la rue des Gravilliers, n. 22 à la rue Frépillon.

Quinze-Vingts [des], de la rue Saint-Honoré, n. 2, à la rue Saint-Louis, n. 6.

Radzivill, de la rue Neuve des Bons-Enfans, n. 2 à la rue de Valois, n. 48.

Reine d'Hongrie [de la], de la rue Montorgueil, n. 1, à la rue Montmartre, n. 16.

Réunion [de la], de la rue Saint-Martin, n. 104, à la rue du Maur, n. 4.

Roch [Saint-], de la rue Saint-Honoré, n. 296, à la rue d'Argenteuil, n. 41.

Rouen [de la Cour de], de la rue du Jardinet, n. 13, à la cour du Commerce.

Saumon [du], de la rue Montorgueil, n. 71, à la rue Montmartre, n. 84.

Saunier, de la rue Richer, n. 24, à la rue Bleue, n.

Séverin [St.-], de la rue des Prêtres St.-Séverin, n. à la rue de la Parcheminerie, n. 10.

BOULEVARTS.

Boulevarts.	Tient.	Aboutit.
ntoine (s.)	place de laBastille	r. Neuve s.-Gilles
ourdon	rue s.-Antoine	quai Morland
onne-Nouvelle	r. Poissonnière	porte s.-Denis
apucines [des]	r. N des Capucines	r. Louis-le-Grand
enis [s.]	porte s.-Denis	porte s.-Martin
nfer [d']	boul. du Mt.-Parn.	barrière d'Enfer
ill. du Calv. (des)	r. des Fill. du Calv.	r. du Pt.-aux-Ch.
obelins [des]	barr. de l'Oursine	barr. des Gobelins
ôpital [de l']	pont d'Austerlitz	barr. des Gobelins
aliens [des]	r. Louis le-Grand	rue de Richelieu
nvalides [des]	r. de Grenelle	rue de Sèvres
acques [s.]	rue de la Santé	barrière d'Enfer
adeleine [de la]	b. des Capucines	rue des Capucines
artin [s.]	place s.-Martin	boul. du Temple
ontmartre	rue de Richelieu	rue Montmartre
ont-Parnasse	rue de Sèvres	rue d'Enfer
oissonnière	rue Montmartre	rue Poissonnière
emple [du]	rue du Temple	r. des Fill. du Calv.

QUAIS

Quais.	Tient.	Aboutit.
njou [d']	r. Bl. de Castille	pont Marie
ugustins [des]	pont s.-Michel	pont-Neuf
ernard [s.]	pont d'Austerlitz	pont de la Tourn.
éthune	rue s.-Louis	pont de la Tourn.
illy [de]	pl. de la Conféren.	r. des B.-Hommes
ourbon	rue s.-Louis	pont Marie
atinat	pont aux Doubles	pont de la Cité
élestins [des]	p. de Grammont	rue s.-Paul
onty	pont-Neuf	pont des Arts
cole [de l']	pont-Neuf	quai du Louvre
leurs [aux]	pont au Change	pont Notre-Dame
èvres [de]	pont Notre-Dame	pont au Change
rève [de la]	pl. de l'H.-deVille	r. Geoff.-l'Asnier
ôpital [de l']	pont d'Austerlitz	barr. de la Gare
orloge (de l')	pl. du pont-Neuf	pont au Change
ouvre [du]	quai de l'Ecole	pont Royal
orland	p. de Grammont	pont d'Austerlitz
alaquais	r. des ss.-Pères	rue de Seine
égisserie [de la]	pont Neuf	pont au Change
. . . .	pont de la Cité	pont Notre-Dame
rcçy [d']	pont Royal	barr. de la Cunette
rfèvres [des]	pl. du pont-Neuf	pont s.-Michel

Quais.	Tient.	Aboutit.
Orléans (d')	pont de la Cité	p. de la Tournell[e]
Ormes [des]	r. Geoff.-l'Asnier	rue de l'Etoile
Paul [s.]	rue s.-Paul	rue de l'Etoile
Pelletier	pl. de l'H.-de-Ville	pont Notre-Dam[e]
Rapée [de la]	pont d'Austerlitz	barr. de la Rapé[e]
Tuileries [des]	pont Royal	pont Louis XVI
Tournelle [de la]	r. de Pontoise	quai s.-Bernard
Voltaire	pont Royal	r. des ss.-Pères

PONTS.

Ponts.	Tient.	Aboutit.
Arts [des]	quai du Louvre	palais des Arts
Austerlitz [d']	quai de Morland	place Valh[ubert]
Bièvre [de la]	quai de l'Hôpital	sur la r. de [illegible]
Change [au]	place du Châtelet	r. de la Bar[illerie]
Charles [s.]	communique aux	salles de l'H.-[de-Ville]
Cité [de la]	rue s.-Louis	rue Bossuet
Doubles [aux]	rue de l'Evêché	r. de la Bûche[rie]
Grammont [de]	quai des Célestins	île Louviers
Hôpital [de l']	boul. de l'Hôpital	sur la riv. de Piè[vre]
Iéna (d')	quai de Billy	Champ-de-Mars [le]
Louis XVI	place Louis XV	péristyle du C. Lé[gislatif]
Marie	r. des Nonaindières	r. des deux-Pont[s]
Michel (s.)	rue de la Barillerie	pl. du P. s.-Miche[l]
Pont-Neuf	pl. des trois Maries	rue Dauphine
Notre-Dame	r. Planc.-Mibray	rue de la Lanterne
Petit-Pont	r. du Marché-Palu	r. du Petit-Pont
Pont-Royal	quai du Louvre	r. du Bac
Tournelle (de la)	r. des deux-Ponts	q. de la Tournel[le]

ISLES.

Palais (du)	du Pont-Neuf au quai Catinat	
Louis [s.]	entre les ponts Marie et de la Tournel[le]	
Louviers	le long du quai Morland	

AVENUE[S].

Breteuil (de), place Vaubau Matignon, Etoile des Ch.-E[lysées]
Ch.-Elysées, pl. Louis XV Neuilly (de), Et. des Ch.-E[lysées]
Bourg-la-Reine, pl. Louis XV Ormeaux (des), pl. du Trô[ne]
Labourdonnaie, à Lowendal Saxe (de), pl. de Fontén[oi]
Lamotte-Piquet, r. de Gren. Ségur (de), place Vaub[an]
Lowendal [de la], de Tourvil. Suffren (de), à de Lowend[al]
Mandé (de s.), r. de Picpus Tourville, à Lamotte-Pi[quet]
Marigny (de), a. des Ch.-El. Villars (de), place Vaub[an]